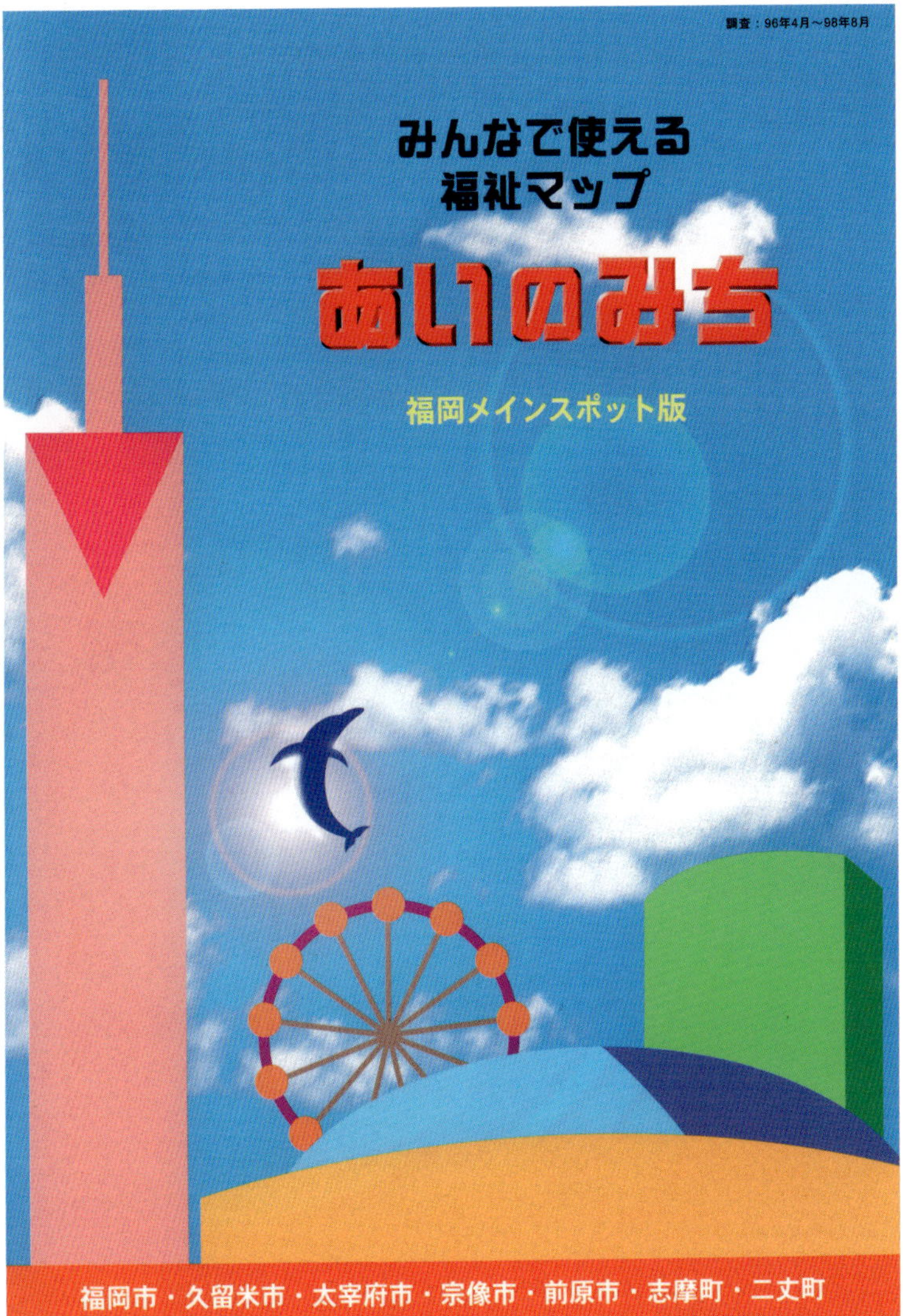

障がい者や介助者が町へ出ても困らないように、２年半をかけて製作した福祉マップ『あいのみち』（平成12年発行）。福岡県内の主要な町を網羅している。

地下鉄
天神駅
TENJIN
てんじん

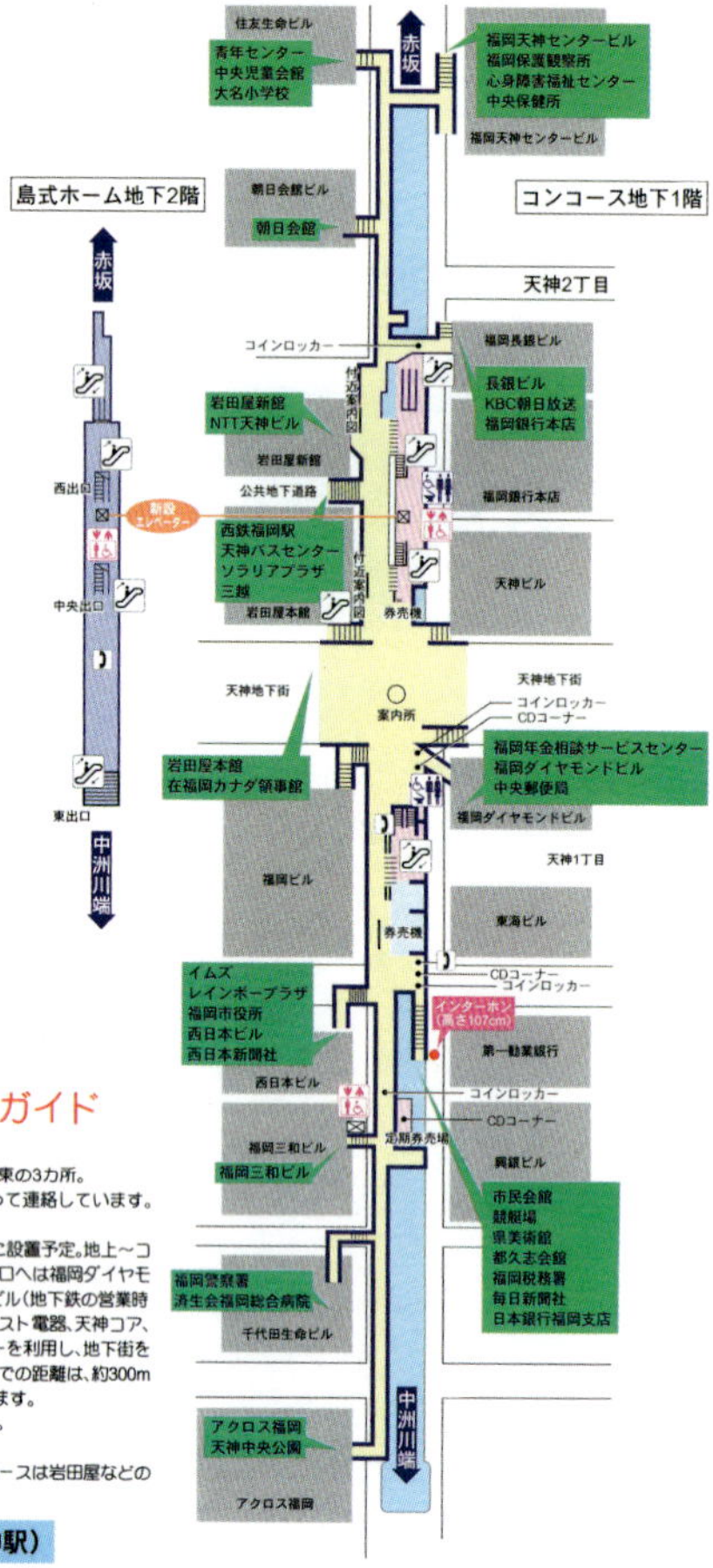

車いすワンポイントガイド

◆ホーム
地下2階。改札口は地下街をはさみ西、中央、東の3カ所。
西鉄電車大牟田線には、天神地下街等を通って連絡しています。

◆エレベーター
コンコース～ホームは西と中央改札口の間に設置予定。地上～コンコースは西改札口へは岩田屋新館、東改札口へは福岡ダイヤモンドビル(地下鉄の営業時間利用可)か三和ビル(地下鉄の営業時間利用可)のエレベーターが便利。市役所、ベスト電器、天神コア、イムズ、フタタ、博多大丸などのエレベーターを利用し、地下街を通って行くこともできます。各ビルから駅までの距離は、約300m～600m。通路によっては急スロープがあります。
※各ビルの営業時間帯のみご利用できます。

◆エスカレーター
ホーム⇔コンコースのみ設置。地下⇔コンコースは岩田屋などのエスカレーターをご利用ください。

連絡先　TEL741-7800(天神駅)

●電車の時間・料金・忘れ物などのお問い合わせは
地下鉄テレホンセンター(9:00～19:00)…TEL845-7800　※日曜日及び1月1・2・3日は休み

「車いすワンポイントガイド」として、車いすでも通行できる場所の情報も記載。

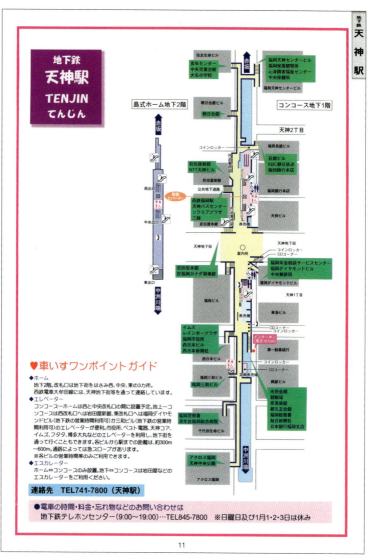

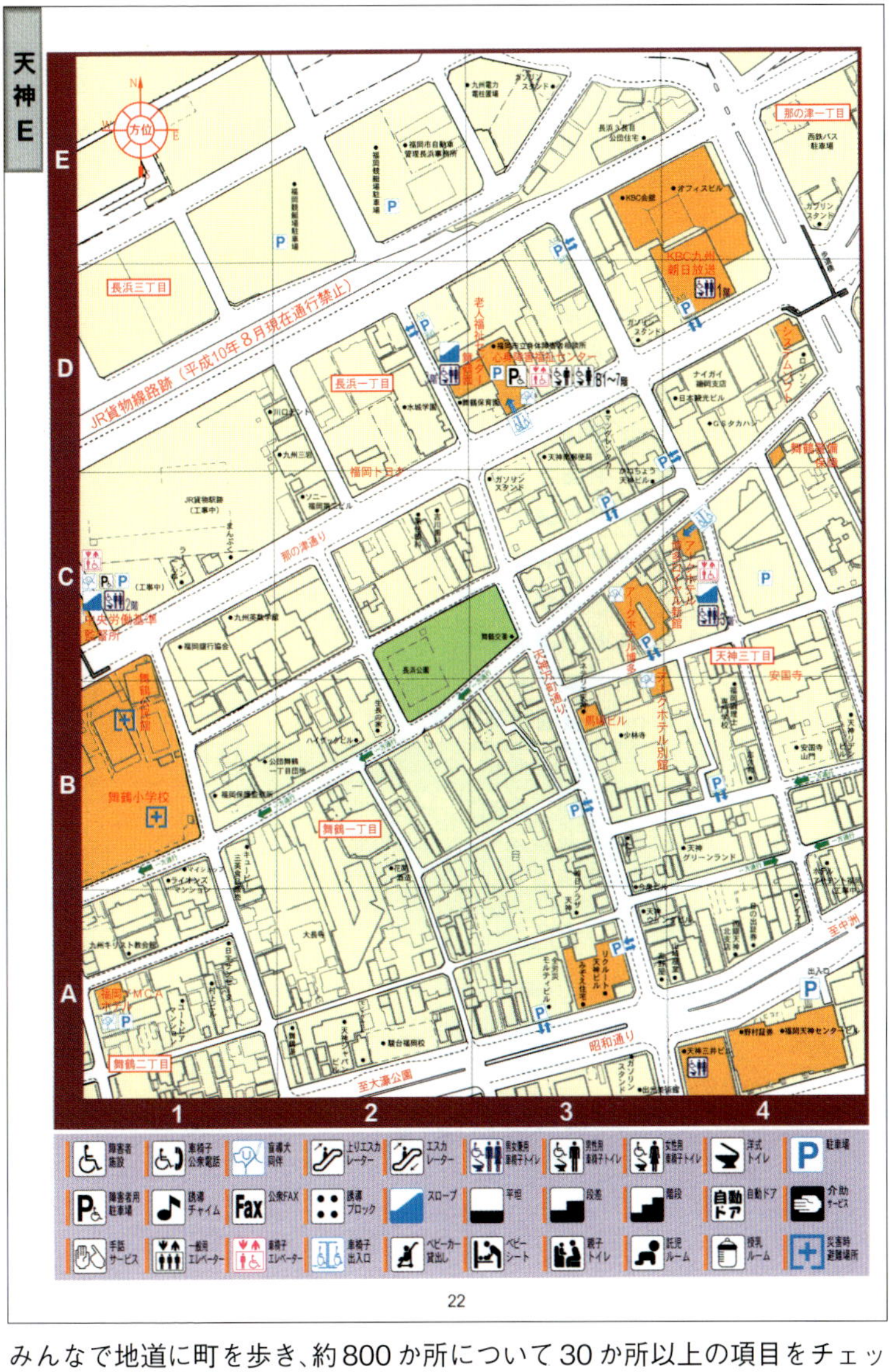

みんなで地道に町を歩き、約800か所について30か所以上の項目をチェックし、地図に落とし込んだ。

名称（種別ごと50音順）	索引	設備案内	所在地／電話番号
●市立心身障害福祉センター	22-D3	P P 自動ドア Fax （☆難聴者用FAXサービス：092−712−3573）	中央区長浜1−2−8 092−721−1611
●中央労働基準監督署	22-C1	P P 自動ドア	中央区長浜2−1−1 092−761−5606
●老人福祉センター舞鶴園	22-D2	自動ドア	中央区長浜1−2−15 092−771−7677
●ＫＢＣ九州朝日放送	22-D4	P	中央区長浜1−1−1 092−721−1234
●シネテリエ天神	22-B3		中央区天神3−6−18馬場ビルB1F 092−781−5508
●アークホテル博多	22-C3	P 自動ドア	中央区天神3−7−22 092−781−2552
●アークホテル博多ロイヤル	22-C4	P 自動ドア （H.Cルーム）	中央区天神3−13−20 092−724−2222
●福岡ＹＷＣＡホテル	22-A1	P	中央区舞鶴2−8−15 092−712−2515

介助者教室

親切福祉豆情報

1．車いすの人の階段の昇り降りは次のように介助して下さい。（介助者２人の場合）

いろいろなやり方がありますが、大切なことは、安全であることと、介助者の負担が少ない方法で行うことです。

３人又は４人の介助者の場合、昇りは車いすを前向きにして、降りるときは後ろ向きにして介助する方法が一般的です。

図のように、二人の場合ではＡの人はハンドクリップを持ち、キャスター上げをし、中腰になります。Ｂの人は、レッグパイプを持ち、大車輪は階段にのせたままで、一段一段ゆっくりと呼吸を合せながら引き上げ、または、下ろします。

これが最も負担の少ないやり方ですが、車いすの人の状況がさまざまですので、事前に車いすの人によく聞いて行ってください。

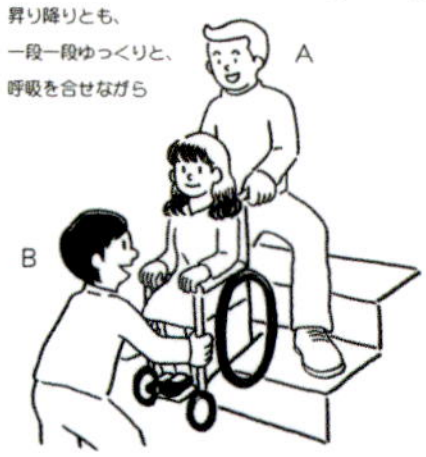

2．車いすで段差や溝を越えるときは次のように介助して下さい。

段差や溝越えをするときは、ステッピングバーを踏み、キャスターを浮かし、段または溝の向こう側におろします。次に大車輪を押し上げます。段差をおりるときは、後ろ向きにゆっくりと大車輪をおろし、キャスター上げをします。次に後ろに引き、ゆっくりとキャスターをおろします。

〈段差をあがる時〉

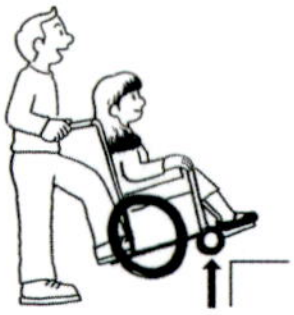

1．ステッピングバーを踏む

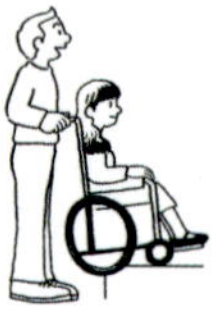

2．キャスターを段にのせ、そのまま押し上げる

〈段差をおりる時〉

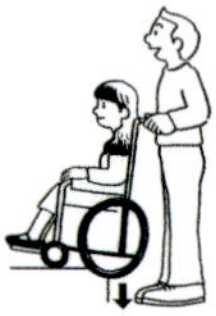

1．ゆっくり大車輪をおろす

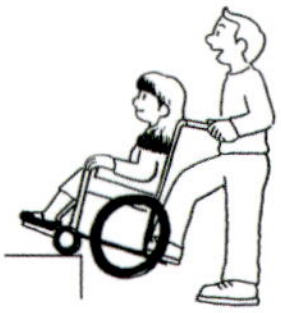

2．ステッピングバーでキャスターを上げ後方に引き、ゆっくりとキャスターをおろす

「親切福祉豆情報」というページも設け、介助者などに役立つ情報も掲載。

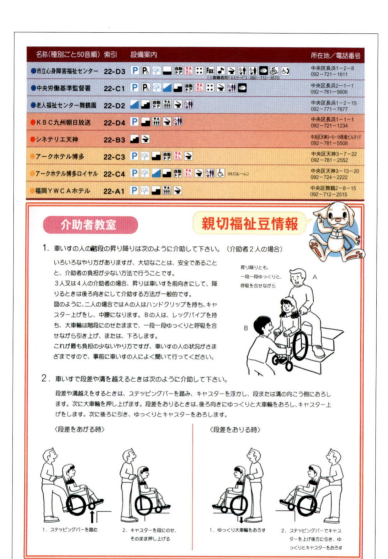

ダブルライフ

ひとりにして二度生きる

松尾榮治
MATSUO Eiji

文芸社

はじめに

令和六年で私は七十七歳になる。いわゆる「後期高齢者」なのだが、いまだ現役で働いている。

数年前までは昼と夜のダブルワーク生活を送っていた。同世代の人の中には年金で悠々自適な老後を送っている人もいるのだろう。どうやら私はそんな暮らしとは縁がなかったようである。

三十二歳で立ち上げた会社を五十五歳のときに潰してしまった。事業に失敗したのだが、けっして儲けようと思って失敗したのではない。

借金を抱えてヤクザにも追いかけ回された。家族に危険が及んではならないと考え、離婚することにもなり、妻には大変な苦労をさせたと思っている。

この年になっても現役で働いているのは、その妻への仕送りのためだ。自分の金儲けのためなどではない。

会社を潰して以降は職を転々としてきた。食品工場の製造やスーパーマーケットのレジ、コンビニエンスストアの店員、警備員、タクシードライバー……。いろいろな仕事を経験したが、いまになって思うのは、私にはブレない一本の「軸」があったことだ。

がむしゃらに働いてきたため、過去を振り返る余裕などなくこの年にまでなったが、最近になってようやく、これまでの自分の人生を振り返ることができるようになった。

私は高校生のときに一度、死んだも同然の状態になっている。その経験が私に何かを気づかせてくれた。そのことを思えば、たいていの困難は乗り越えられてきたのだ。

「自分はあのとき死んで、新たに生まれ変わったのだ」

そう考えることができれば、ひとりでありながら二度の人生を与えてもらえたとも思えてくるものだ。

いまここに自分の歩みを記すことで、過去の自分と向き合い、形にすることで残りの人生も精一杯生きてゆきたいと思っている。

松尾榮治

目次

ダブルライフ

ひとりにして二度生きる

第1章　青少年期

団塊世代ど真ん中

福岡県福岡市中央区。区の中心地からやや北西寄りには、福岡市民の憩いの場である大濠公園がある。総面積に占める池の割合がおよそ半分という珍しい公園だ。

その池の周囲には日本庭園や美術館、能楽堂などがある。もともとは隣接する福岡城の外濠であったという。

その大濠公園の北西あたり、現在は「黒門」と呼ばれる地域は、いまではすっかり高級住宅街になっている。近くには在日福岡アメリカ領事館や、日本銀行福岡支店の社宅がある。

かつてそのあたりは大工などが多く住んでいる職人の街でもあり、「新大工町」と呼ばれていた時代があった。

昭和二十二年（一九四七）九月二十三日、私はその新大工町で生まれた。戦後間もない時期である。

この年の五月には日本国憲法が施行された。笠置シヅ子の「東京ブギウギ」がヒットした年でもある。日本が敗戦から少しずつ復興へ向けて動き始めていたころだ。

いわゆる〝団塊の世代〟である。同い年の子どもはとても多かった。小学校のときなどはひとクラスに五十名以上の児童がいたものだ。信じられないかもしれないが、児童全員が教室に入り切れず、廊下に机を出してそこに座るという状態だったのだ。

音楽好きの父

父・松尾榮は明治四十三年（一九一〇）生まれ。私の「榮治」という名前は、父から一文字もらった。福岡県朝倉郡甘木町（現・朝倉市）の出身だ。

父は井上家の七人兄弟の末っ子であった。福岡県福岡師範学校（現・福岡教育大学）を飛び級でほかの学生より一年早く卒業したのち、福岡市内にある板付小学校で長らく教師をしていた。

小学校の教師は全教科を教えるのが一般的だが、父は音楽、とくにピアノが好きだったようで、音楽専攻科の教師だった時期もある。当時としては男性の音楽教師はかなり珍しかったようだ。ＮＨＫのスタジオに呼ばれて演奏したこともあり、昭和十五年（一九四〇）に制作された国民歌「紀元二千六百年」は合唱コンクールで表彰されたこともあるという。

自宅にピアノ用の椅子が置いてあったのが、幼いころの私の記憶にある。若いころには童謡の『赤とんぼ』や『からたちの花』などの作曲で知られる音楽家・

山田耕筰（※）に師事していたこともあったという。

昭和十年（一九三五）、父は母と結婚し、松尾家に婿養子に入って松尾姓を名乗ることになる。

その父は昭和十八年（一九四三）に結核を患い、教師の仕事を辞めることになった。翌年ごろから回復に向かったようだったが、働くことができない時期もあり、母方の親戚からは「ごくつぶし」などと言われていたこともあったようである。

※山田耕筰……作曲家、指揮者。明治十九年（一八八六）東京生まれ。日本初の交響楽団「東京フィルハーモニー管弦楽団」を創設するなど、日本における西洋音楽の基礎確立に多大な貢献をした人物。代表作に『赤とんぼ』『からたちの花』『この道』などがある。

母の実家は黒田家ゆかりの武将の末裔

母・松尾愛子は明治四十四年（一九一一）、福岡市・荒戸で生まれた。母も七人兄弟の末っ子で、幼いころに松尾家の養女となる。母の養母は福岡藩の初代藩主・黒田長政の家臣で「黒田二十四騎」のひとり、毛屋武久（※）の流れをくむ。毛屋家から松尾家に嫁いだが夫が日清戦争で戦死し、子がいなかったために幼い母を養女に迎え入れたのだ。

つまり私の父と母は、どちらも養子だったのだ。当時としては珍しいことではなかったのかもしれない。

母は福岡県女子高等師範学校を卒業した。この学校も父の母校と同じく、いまは福岡教育大学となっている。中途退学ではあるが、俳優の武田鉄矢氏が在学していたこともある学校だ。父も母も、教員養成系の学校に通っていたのだった。

母は叔母の身の回りの世話、祖母や父の商売の手伝いをしていた。華道（小笠原流）や茶道（裏千家）などをたしなみ、謡曲や能なども楽しんでいた。多趣味な母だったのである。ときどき自宅で、三味線の練習をしていたことを記憶している。

※毛屋武久《けやたけひさ》……福岡藩初代藩主・黒田長政の重臣「黒田二十四騎」のひとり。慶長五年（一六〇〇）の関ヶ原の合戦では黒田軍の旗奉行として参戦して活躍している。「主水正」や「武蔵守」を名乗ったこともあり「毛屋主水」「毛屋武蔵」と呼ばれることもある。

福岡・天神への転居

生誕の地・新大工町で過ごしたのは、私が幼稚園に通っていた時期までである。昭和二十七年（一九五二）、母方の祖母・松尾ヨシが他界。文久元年（一八六一）生まれで九十一歳であった。その祖母の商売を父が引き継ぐ形となり、私たちは家族で市内の天神という町に転居した。そこには松尾家が所有する土地があったのだ。

教師の職を失った父はその土地に住居兼店舗を建てて、自分で商売を始めた。花屋や本屋などを営んでいた。昭和三十六年（一九六一）まで商売を頑張っていた。昭和四十一年（一九六六）、父は脳溢血で他界する。五十六歳であった。

事故で早逝してしまった長兄

私は四人兄姉弟の末っ子である。

長兄・秀敏は私より十歳年上の昭和十二年（一九三七）生まれだ。

長男だったこともあり、父が商売を継がせようとしており、いろいろと教えていたのを覚えている。福岡市立福岡商業高等学校（現・福翔高校）に通っていた長兄は、簿記や算盤などを学んでいた。本気で商売を継ぐつもりでいたのだろう。

しかし父がその商売を突然の病気でやめてしまったため、長兄は商人になることはなかった。結果的に建築関係の仕事に就き、ビルの空調、衛生配管、水道、暖房設備などの仕事に従事することになる。西鉄福岡駅の駅舎や大分銀行の社屋などの工事にも携わっている。しかし四十一歳のとき、工事中に高所から転落して亡くなってしまった。

電気機器に強い次兄

次兄・勉は私よりも八歳年上の昭和十四年（一九三九）生まれである。

この次兄は幼いころより、わが家にいたお手伝いさんに身の回りの世話をしてもらっていたそうだ。小学生のころの私は、この次兄とふたりで、お手伝いさんと一緒に三人で暮らしていたこともある。

次兄は少年期から電気機器に興味を持っていた。無線機も使いこなしており、モールス信号を使った電信も得意としていた。学生時代にアマチュア無線の免許も取得しており、コールサインは「ＪＡ６ＺＮ」であった。当時としては免許取得は最年少だったという。

福岡市立博多工業高等学校機械科を卒業し、沖電気工業に入社して通信関係の仕事に従事していた。その後富士通に転職している。どうやらヘッドハンティングされたようだ。日本各地にある銀行のオンラインシステムの開発などにも携わっている。

退職後は電磁波による医療機器の開発に携わり、パテント（特許）を取得した。現在は福岡に戻り、地域の町内会の役員として頑張っている。

生まれながらに障害を持った姉

二歳年上の姉・睦子は昭和二十年（一九四五）生まれだ。

しかし姉は生れたときに脳性小児麻痺（ポリオ）を患っていた。脳性小児麻痺は胎児期の脳の発育過程で生じた脳の奇形や、分娩中や出生後まもなくの間に受けた脳神経細胞の損傷によって運動機能障害や筋肉の痙縮などを引き起こす。

姉は一月生まれ。終戦の七か月ほど前、日本がまだ戦争をしていた時期である。

当時の医療技術では姉の病気を治すことはほぼ不可能に近かった。九州大学病院で診てもらっていたようだが、主治医でもあった円城寺教授からは、

「いまは厳しいが数年後には医療技術も進歩して何とかなるかもしれない」

などと励まされていたという。

医療技術の問題だけではなかったのかもしれない。姉が生まれたのは第二次世界大戦末期。すべてが軍事優先の時代である。医療機器も薬品類も、民間に回ってくる余裕などもなかったのではなかろうか。

姉は自力で歩くことができず、学校に通えなかった。外に出ることもできなかった。自宅でずっと寝たきりに近い生活を送っていたのである。

そんな姉のことを、子ども心に不憫に思うこともあった。私が学校から帰ってくると、

「榮ちゃん、榮ちゃん」

と言いながら畳の上を両腕で這うようにして私に近寄ってきていたのをよく覚えている。おそらく姉も学校へ行って勉強したり、友達と遊んだり、同年代の女

の子たちと同じようなことをしたかったはずだ。友達を作ることもできず、身近にいる同世代の者といえば私くらいのものだった。

姉の介護はおもに父と母がやっていた。私は姉の着替えなどを手伝うことがあった。学校に通えなかった姉だったが、言葉や文字などは母が教えていたようである。

昭和三十年代に入ると、一般の家庭にもテレビが普及し始めた。そのおかげで、姉もテレビを通じて世の中の動きを知ることができたようだ。言葉などもラジオやテレビによって覚えていくことができたのだった。

姉を施設へ

母には二歳年上の姉がいた。私の伯母だ。

あるときその伯母から、

「日本赤十字社が障がい者向けの施設を作るようだが、睦子ちゃんもそこに入所させてみてはどうか」

という話がもたらされた。伯母の夫が当時、福岡県太宰府町（現・太宰府市）の町長をしており、そのつてでそんな情報がもたらされたらしい。

しかし母は姉をその施設に預けることがひどく不安だったようである。娘が自分のもとからいなくなることへの不安であり「その施設に入れてしまったら娘はもう戻ってこられないのではないか」などと心配していたようなのだ。現代とは違い、障がいを持った人への偏見や風当りがそれだけ強かった時代だったのだろう。

当時、姉の身の回りの世話、食事や更衣、排泄、生理、入浴、日光浴など、ほとんど母がおこなっていた。母自身も大変だったのである。そんな母の健康面のこともあったため、最終的には姉をその施設（「障がい者支援施設　篠栗園」という）に入所させることになった。姉が三十歳ぐらいのころである。

姉は福沢園長のもと、完全看護のおかげで四十年ほど篠栗園で過ごすことができたが、数年前に子宮体がん（子宮内膜がん）が見つかり、その二か月後の令和三年（二〇二二）一月、七十五歳で亡くなった。

姉弟の以心伝心と「虫の知らせ」

ところで、姉が篠栗園にいたころに、私はちょっと不思議な体験をしたことがある。

私は時間があるときは、できるだけ篠栗園を訪れるようにしていた。姉の様子を見るためである。私が行けば姉も嬉しそうにしてくれていた。そんな姉を見ると私も安心できたものだ。逆に私がしばらく顔を出さないと、姉の調子が悪くなっていくこともあったのだ。

私も仕事の合間に訪問するため、いつ行けるかはわからない。面会時間終了ギリギリになることもある。事前に訪問することを伝えられなかったため、常にアポなしでの訪問であった。

あるとき、仕事のあと、少し時間があったため姉の顔を見ようと篠栗園を訪れたときのことだ。面会時間終了まではまだまだ余裕のある時間帯であった。

「こんにちは。姉さんどうしてますか？」

受付で職員にあいさつすると、

「うわ！　松尾さん！　来たんですか！」

とひどく驚かれてしまい、逆になんでこんなに驚かれるのか私のほうがビックリした。何かあったのかと不安になったが、

「実は今朝ね、睦子さんが『今日は弟が来るよ』なんて言ってたもんやけんね」

なんでも姉が私の訪問を〝予言〟していたというのである。しかも同じことがその後も何度かあったのだった。不思議なこともあるものだ。姉弟間の〝以心伝心〟といったものであろうか。


また、このようなこともあった。

ある晩、私が寝ていたとき、姉が夢に出てきたことがある。姉の背中に天使のように羽根が生えて空を飛んでいるのだ。目が覚めたとき、

「ああ、夢だったか……。姉さん、ひょっとして歩けるようになったのかな?」と思ってしまった。

それから一か月ほどしてからだ。篠栗園から連絡が入った。

「睦子さんのお腹が膨れていきよる」というのだ。

すぐに行ってみると、右の腹部だけが膨脹しているような症状が出ていた。

篠栗園の紹介で、姉はホスピス(※)に入院することになる。篠栗園は完全看護の行き届いた施設である。姉は毎月の健康診断の歯科検診で一週間程度の入院をすることはあったが、それ以外で入院をしたことがなかったのだ。

医師からホスピスへの入院を告げられたときに姉は、

「入院ですか…?」

と体をのけぞらせながら三度も聞いていた。歯科検査以外での入院の経験がなかった姉は、入院というものがどういうものか、よく理解できておらず、不安になっていたのかもしれない。

入院先で検査をし、子宮体がんと診断された。しかし血液検査の注射の針が通りにくく、がんの摘出手術をしようにも輸血ができない状態だった。手の施しようがなく、翌年亡くなったのだ。

あとから思えば、夢に出てきた姉の姿は、そのことを伝える〝虫の知らせ〟のようなものだったのかもしれない。肉親の間ではそのようなことが起こるのだろうか。

※ホスピス……がんや難病など、治療が困難になった患者に対し、人生の最期のときを穏やかに過ごすために、さまざまな苦痛を和らげる治療・ケアを行う施設。

小学校入学と転校

さて、新大工町の家では母方の叔母と一緒に暮らしていた。叔母が亡くなってからは次兄とふたり、お手伝いさんに身の回りの世話をしてもらいながら暮らし、地元の金龍寺幼稚園に通っていた。小学一年生になって、両親が商売をしている天神に引っ越しをした。

　そして昭和二十九年（一九五四）、福岡市立大名小学校に入学する。

　二年生になると自宅から西鉄の電車に乗って通うようになっていた。大名小学校は福岡市で最古の小学校のひとつと言われており、卒業生には内閣総理大臣を務めた広田弘毅（※）もいる。由緒ある小学校だったが児童数の減少などもあり、平成二十六年（二〇一四）に閉校となってしまった。

　大名小学校へは三年生ごろまで通い、その後、父が店を閉めてしまうと同時に福岡市東区にある名島小学校に転校した。

※広田弘毅《ひろたこうき》……第三十二代内閣総理大臣。明治十一年（一八七八）、福岡県那珂郡鍛冶町（現・福岡市中央区天神）の石材店の長男として生まれる。東京帝国大学卒業後、外務省に入り、欧米局長、ソ連大使、外務大臣などを歴任。昭和十一年（一九三六）、二・二六事件後に内閣総理大臣に就任。第二次世界大戦後、極東国際軍事裁判（東京裁判）では文官で唯一A級戦犯に指名され、死刑となった。

わが「足」の不運

さてそんな小学生のころ、私の「足」はけっこう不運に見舞われている。

一年生のときには、片足を複雑骨折する事故に遭った。このときは大相撲の九州場所の際には力士などを診ることもある病院で治療してもらっている。

学校のグラウンドで運動会の練習をしていたときのことだった。私は同級生たちと一緒に整列して、自分たちの出番を待っていた。そのときに、不意に後ろから誰かに背中を強く押されて、私の身体は前方によろけてしまった。

運悪く、ちょうどそのタイミングで徒競走の練習をしていたほかの児童の集団の中に、一緒に整列していたほかの児童たちを巻き込みながら突っ込んでいってしまったのだ。そのときに骨折してしまったのである。

私の背中を誰が押したのか、わからないままだ。子どものことである。列の後ろのほうにいた誰かがふざけて前の者を押し、それでドミノ倒しのような現象が起きてしまったのかもしれない。

「足」の不運、再び

昭和三十三年（一九五八）、私は小学六年生になった。このころはけっこうワンパクな子どもで、負けん気が強く、ケンカもよくやったものである。ことあろうに卒業式の日には、近くの山の上でケンカをしたこともあった。血の気が多かったからだろうか。そんなこともあって六年生のときは一年間、近所の寺に預けられ、そこで奉公していたのだ。

さてその小学六年生のとき、私の足は再び不運に見舞われた。雑菌が侵入して炎症を起こし、片足がひどく腫れあがってしまったのだ。原因は福岡を中心に降った大雨である。

その日は前日から激しい雨が降り続いていた。一向にやむ気配もなく、さらに激しくなっていくことが予想され、急遽学校が繰り上げ下校となっていたのだ。

災害級の大雨だったが、早く帰れるということで私を含め、同級生たちはみな大喜びだった。合羽を着て、同級生たちと学校を出て家に向かう。その途中、雨でぬかるんだ畦道や田んぼの中を歩いたのだが、どうやらそのときに雑菌が入り込んでしまったらしい。

ワンパクに遊び回っていた私の足には、おそらくどこかに気づかないような小さな傷口でもあったのだろう。そこから雑菌の侵入を許してしまったのかもしれない。

足がひどく腫れ、一部が壊死してしまう寸前になり、発熱してしまった。九州大学病院で治療してもらい、三か月ほど治療生活を送ることになったのだった。

思えば私は、病気やケガなどに悩まされる人生であった。不運なことばかりだが、こののち大病を患い、それがきっかけで私自身の人生観も大きく変わっていくことになる。

新聞配達で家計を助けた中学時代

昭和三十四年（一九五九）、福岡市立多々良中学校に入学。

入学後は友人に誘われて陸上部に入った。二年生になるとバレーボール部にも所属した。部活のかけもちである。バレーボールを始めたのは単純に「背が高くなりたい」というものだった。

またこのころ私は新聞配達のアルバイトを始めた。きっかけは友人の、

「新聞配達、やってみんね？」

のひと言だったが、当時のわが家は家計状況が思わしくなかった。そのため、新聞配達で家計を支えるという目的もあったのである。

当初は福岡市を中心に発刊されていた地元紙「夕刊フクニチ」（※）の夕刊紙の配達をやっていた。しかし夕刊フクニチは一か月働いても当時のお金で二百円ほどしかもらえなかった。

そのことを陸上部に誘ってくれた友人に話すと、

「松尾、同じ新聞配達なら西日本新聞のほうがいいぞ」

と教えてくれたのだ。

そこで「夕刊フクニチ」は辞めて「西日本新聞」の配達を始めたが、こちらは

一か月で千円ほどももらえたのだ。これは大いに助かった。さすがに福岡を中心に北部九州で高い購読率を誇る新聞だと思った。

もともとあまり身体が強いほうではなかった私だが、新聞配達のおかげで足腰がかなり鍛えられるというおまけがついてきたのである。この新聞配達のアルバイトは卒業するまで三年間続けた。

家計を支える目的ではあったが、三年も続けると自分の懐も多少はゆとりができてくる。中学三年生のときには初めて自分で稼いだお金で電気スタンドを買うこともできた。

しかしアルバイトは夏休みも冬休みもない。新聞だから休刊日以外は毎日働かなくてはならなかった。

当時、夏休みとなると町内で毎朝ラジオ体操をやっていたが、私はアルバイトがあるためそれに参加できなかった。そのことが当時はとても悔しかったものである。配達を終えて帰宅する途上で、ラジオ体操に向かう友人たちを見るととても羨ましかったものだ。

しかし、いまになって考えてみれば、新聞配達という仕事はアルバイトであってもとても大切な仕事だ。

現代のようにメディアが発達していなかった当時、新聞は庶民にとって貴重な情報源だ。好きなスポーツの結果、街の出来事、故郷の出来事、テレビやラジオの番組情報、ショッピングや健康の情報……。ありとあらゆるものが詰まっている。それを待っている人たちがいるのだ。

配達先が三百世帯あり、そこに三人の家族が住んでいたとすれば九百人が、私が配達する新聞を待っている。玄関前で待っている人もいるほどなのだ。

そんな考えが漠然とながらも当時の私にもあったのかもしれない。

「風邪をひいてはいけない、休んではいけない」と思いながら働いていたものだ。使命感のようなものだろうか。

※「夕刊フクニチ」……昭和二十一年（一九四六）四月二十二日から、4コマ漫画『サザエさん』の連載を開始した新聞。その後、『サザエさん』の掲載紙は「新夕刊」

「夕刊朝日新聞」「朝日新聞朝刊」と移った。

あの有名シンガーは同級生

当時、私の自宅には友人たちがよく遊びにきてくれていた。私に新聞配達のアルバイトをすすめてくれた友人もそのひとりである。彼は手先が器用で、自転車修理が得意であった。私の自転車が故障したときも、よく修理してくれたものだ。女友達もよく遊びに来てくれていた。そのおかげか、わが家はけっこうにぎやかでもあった。

そのころの思い出深い友人のひとりに、シンガーソングライターで『チューリップ』のリーダーだった財津和夫氏がいる。彼とは小学四年から中学三年までの同級生だ。中学三年時は別々のクラスであったが、音楽の授業は一緒であった。彼は音楽だけでなく運動神経もよく、器械体操が得意であった。

いまになって考えてみれば、彼は私にとってはライバルのような存在だったのかもしれない。中学卒業後はそれぞれ違う高校に進学したが、その後の彼の活躍をみるたびに、同級生として誇らしく思ったものである。

特定感染症に罹患して人生をリセット

昭和三十七年(一九六二)、福岡市博多区にある私立の東福岡高等学校に進学した。

この学校は文武両道の学校で、スポーツでは野球、サッカー、ラグビーなどに力を入れており、有名な選手も多く輩出している。福岡米語義塾という英語教育を専門とした学校を起源とする男子校だ。二〇二五年度には男女共学になる予定である。

私立高校だったため、学費は高めだった。すでに働いていた長兄と次兄が援助してくれて、なんとか通うことができたが、私もアルバイトをして学費の足しにした。

天神の岩田屋というデパートでお中元やお歳暮の配達や運転の助手をやった。西日本初のアーケード型商店街といわれる、天神の新天町商店街の呉服店で婦人服の配達やタグ付けなどの仕事をやったこともある。学校ではアルバイトが禁止されていたが、バレないように内緒で働いたものである。

しかしそのアルバイトが原因で、私は特定感染症（日本脳炎）に罹患してしまう。

特定感染症は「感染症の予防及び感染症の患者に対する医療に関する法律」に規定された病気のことだ。法定伝染病と指定伝染病に分類されている。法定伝染病にはコレラ、ペスト、ジフテリア、チフスなどがある。指定伝染病はウイルスなどの侵入によって発熱や下痢などの症状を引き起こす病気だ。人からだけでなく、動物や虫、食べ物から感染してしまうことがある。

それは高校一年生のとき、夏休みにお中元やビールの配達の仕事をしていたときのことだ。朝からよく晴れた日であり、外気温はかなりの温度になっていた日であったと思う。私は自転車の荷台に配達の荷物を縛り付けて、炎天下の街中を、汗をかきながらあちらこちらへ走り回り、忙しく動き回っていた。どこをどう走っていたのかまったく覚えていない。気が付いたときは病院のベッドの上で寝かされていたのだ。

暑い日に外で力仕事をしていたせいだろうか。仕事中に倒れて意識不明の状態になってしまった。現在の熱中症の症状に近いものがあったが、原因は暑さだけではなかったらしい。

配達中に私は、どこかで蚊に刺されてもいたようだったのだ。蚊媒介感染症というものである。そのため高熱も発してしまっていた。

倒れているところを誰かが見つけてくれて通報してくれたのだろう。救急搬送され、面会謝絶の隔離病棟に入院することになった。どうやらほかの人に空気感染してしまうような危険な細菌に、蚊を介して感染してしまっていたようなのである。

私は救急搬送されたこと、入院していたことはおろか、倒れたことすら記憶にないのだ。完全に意識を失っていたのである。ベッドの上で気が付いたときは、窓の外に雪が降っていた。およそ五か月もの間、意識不明だったのだ。のちに父から聞かされたことだが、意識を回復した私が最初に発した言葉は、

「なんか……白い家が見えたよ……」

というものだったそうだ。昏睡状態の中で夢でも見ていたのかもしれない。

高校生で留年を経験

この間、当然ながら私は学校に通うことができなかった。そのため一年生をもう一度やる羽目になる。

一歳年下の子たちと一緒に学ぶことになったが、やはり屈辱的であった。一学年上には同級生たちがいるが、まったくと言ってよいほど彼らのことを思い出せないし、同級生という意識もない。なにせ入学直後の一学期に三か月と少々一緒に過ごしただけである。いまになっても、顔も名前も思い出せない。

こんなことから、高校時代は修学旅行にも行っていない。修学旅行といえば、

多くの人が学校時代の楽しい思い出のひとつにしていることであろう。私の場合は小学校、中学校で修学旅行は経験している。小学校の修学旅行は教育委員会から費用補助があった。中学校の修学旅行は、参加するにはしたが、その記憶がないのだ。おそらく高校入学後の特定感染症の影響であろう。

大病を患って留年し、友達の記憶もなければ楽しい思い出もない。そんな高校生活であった。貴重な青春時代のひとときを無駄に費やしてしまったのかもしれないと思うこともあった。

しかし、この体験は私にひとつの信念のようなものを芽生えさせてくれた。意識不明だった数か月は死んでいたも同然である。高校は四年かけて卒業することになってしまったが、生まれ変わって新たな人生がスタートしたと思えばいい。リセットされて、そこから死に物狂いで頑張ればいいじゃないか……そう思えるようになったのだった。

英語力には自信があった

東福岡高校はもともと英語教育専門の学校だったということもあり、英語に触れる機会も多かった。勉強には厳しい学校でもあったため、私も英語はよく勉強したものだった。

本格的な英語学習は中学校に入学してからではあるが、私の場合は小学生のころからすでに始まっていた。小学六年生のときに、父が英語の発音に関する本を与えてくれたのだ。当時の私はその本を参考にして、発音や単語、慣用句などを学び始めていたのである。

学習のスタートが早かったからであろうか、周囲の同級生よりは英語については、多少は自信があった。そしてこの英語の力は社会人になってからも活かされていくことになる。父には感謝である。

大学進学を断念して職業訓練校へ

高校卒業後は大学に進学することを希望していた。北九州にある国立大学の九州工業大学を受験したが、こちらは失敗。私立の福岡工業大学を受験しようかと考えたが、学費の問題もあってこちらは断念した。そこで選んだのが学費負担のない福岡県立福岡高等職業訓練大学校である。

しかし入学試験の問い合わせをすると、

「今年の募集はもう終わりました」

と言われてしまった。またひとつ道が閉ざされたかと思ったが、

「印刷科ならまだ募集枠がありますよ」

と言われ、そこに入学することになった。ここに一年間通い、私は活版印刷に関するスキルを習得していくことになる。

第2章　印刷マンとして生きる

活版印刷の世界へ

職業訓練校では活版印刷の技術など学び、一年で卒業した。そして昭和四十二年（一九六七）、二十歳のときに富山県と東京に拠点を置くパルプ工業の子会社、越中印刷製紙に就職した。福岡工場が当時、福岡市内の比恵にあり、私はそこに配属された。ここで私はおもに文選の仕事にたずさわる。

文選とは活版印刷の工程のひとつだ。印刷物に使う活字を活字棚から集めてきて、文選箱という小さな箱に原稿にそって並べていく作業だ。

かつては文選工などと呼ばれる職人も多くいたが、時代の変化でＤＴＰなどに押されて衰退していくことになる。

当時の活字は鉛と錫でできていたため、鉛害の危険にもさらされた。鉛の活字を工場で毎日扱っていると、手の皮膚が破れることがあった。ゴムサックという手袋をして作業をしても、いつの間にかそれも破れてしまうほどだ。

また鉛の塗料などを摂取してしまうことで発症する、鉛中毒という病気の問題もあった。脳や神経、内臓などに悪影響を及ぼしてしまう病気で、文選の作業はそんなリスクとも隣り合わせの、大変過酷な作業でもあったのだ。

このころに関わった仕事で印象深いものがいくつかある。ひとつは北九州市内の小学校の授業で使う副読本だ。社会科など、教科書とは別の資料集や図表集、地図帳などである。

私はこれら副読本の組版を担当していたが、このときの作業がまた大変であった。工場内はとにかく暑い。飛行機のプロペラのような扇風機が一台しかなかった。夏場などは上半身はシャツ一枚だけの、ほとんど裸に近い姿で作業をしたものだ。いまから思えば、なんとも恥ずかしい格好で仕事をしていたものである。

職場内で陸上部を立ち上げる

ちょうどこのころ私は、二歳年下の同僚とともに社内に陸上部を立ち上げた。その仲間たちと一緒に平和台競技場で走ったりしていたのだ。

中学時代に陸上部だったこともあり、走ることは嫌いではなかった。子どものころから身体を動かすことは好きなほうであったが、当時はおそらく、仕事のストレスをそのような形で発散したのだ。

幼いころからワンパクで負けん気が強かったことも、私を運動好きな人間にしていったのだろう。

のちに母から聞かされたことだが、幼少期の私は母からもらった日の丸の鉢巻きを巻いて、

「俺は戦争に行くんだ！」

などと息巻いていたという。

さすがに驚いた母が近所の人たちに、

「ウチの息子は〝戦争に行く〟とか言いよるばい」

などと言っていたという。明治生まれの母であったが、終戦から何年も経っていない時期でもあり、びっくりさせてしまったのだろうか。

戦うというより、身体を動かすことが好きだったのだろう。いまの子どもたちも戦隊ヒーローに憧れてその真似をすることがあるが、それに近かったのではないだろうか。そういった性格が大人になってからも運動を好むという部分に表われていたのだろう。

私は別に好戦的な性格だったというわけではない。以前、大分にある陸上自衛隊の日出生台演習場が一般開放されたときに、戦車に乗せてもらう機会があったが、戦車内に入ってみて驚いた。小さな窓しかなく、前方が見づらく、さらに狭い上にオイルや弾薬の臭いが鼻をつくようにひどく臭い。こんなところに閉じ込められて戦争をしなければならないかと思うだけで、後から戦争というものの馬鹿らしさを痛感したものである。

仕事を通じて長崎原爆の惨状を知る

そしてもうひとつ、仕事を通じて戦争の悲惨さ、馬鹿らしさを痛感させられる機会を得ることになる。

第二次世界大戦中に長崎に投下された原子爆弾の被害状況を、終戦直後にアメリカ軍が撮影した写真がある。終戦から間もない八月三十日に撮影されたものだ。恐らく進駐軍が撮影したものであろう。

いまの多くの人の目に触れる原爆の写真といえば、モノクロ写真ばかりである。しかし当時のアメリカ軍が撮影したものはなんとカラーだったのだ。これを冊子化した際の組版を担当したのだった。

大手印刷会社から依頼された仕事であり、最初は、

「英語が得意な者はおらんか？」

と、社内で上司が発した言葉に、詳しい内容も聞かないうちに私は思わず手を挙げてしまっていた。

小学生のころ、父が与えてくれた英語の発音の本に始まり、英語教育の進んでいた東福岡高校にいた私である。中学、高校時代からそこそこ勉強はしていた。数学や化学などの理系科目は苦手だったが英語ならやはり自信はあったのだった。

またこのときは思い切って「やってやれ！」という気持ちもあった。そして、そんな私を後押ししたのは高校時代のことだ。一度は〝死んだ〟身である。いまさら何に不安になることがあろうか。チャンスがあれば臆せずトライしてやれ、そんな思いがあったのだと思う。

仕事をしながら、日本ではまだカラー写真よりもモノクロ写真が主流だった時代に、原爆被害を記録したカラー写真を何点も見た。原爆がもたらした惨状をモノクロではなくカラー写真で見るというのは、とても辛いものがあった。

焼け野原になった街、爆風で倒壊した建物、熱線で溶けた鉄骨、大やけどを負った人々の姿、荷車もろとも倒れて焼けこげた馬……。

直視に堪えないこわさや恐ろしさがあり、私はこの仕事をやっている最中、二日間ほど食事がのどを通らなかったことがある。それほどにカラー写真で見る原爆被害は凄惨極まりないものだったのだ。

しかしこれは私にとって忘れられない仕事であった。核兵器の恐ろしさを後世に伝える重要な仕事なのだ。これに携わったことは誇りでもある。戦争や核兵器の恐ろしさ、その実態を知るよい機会になった。

活版から写植へのキャリア転換

昨今はデジタル化の進行で、いわゆる「紙モノ」が減っているといわれる。何年も前から印刷業界も大きな方向転換を迫られている。

印刷がその長い歴史において方向転換を迫られたことは何度かある。そのひとつが活版印刷から写植（写真植字）への移行だ。

私が越中印刷に勤務していたころから、

「いずれ活版印刷の時代は終わる」

など言われていた。私は活版印刷技能検定2級に合格しており、活版の世界で実績を積み重ねてきたが、いよいよそれに見切りをつけて写植の技術を身につけるときが来たと感じていた。

それまでやってきたことを捨てて新たな方向に進むことは、さすがに勇気がいるものだ。しかし私は高校生のときに「一度死んだ」人間である。キャリアを転換するくらいならばどうということはない。再びリセットして新しいキャリアを重ねていく決断をした。

昭和四十六年（一九七一）、越中印刷を退職して、東京・赤羽にある写植の専門学校に入学、朝九時から夕方五時までみっちりと写植について勉強した。

その専門学校に半年間通い、習得した技術を活かして、岡福写植に就職、写植部に配属となり、新たな印刷マンとしてのキャリアをスタートさせたのである。

昭和四十九年（一九七四）には、友人経由でのヘッドハンティングで、その友人が勤務する九州印刷に転職した。写植の技術を買われてのことだった。印刷の世界は写植が急速に主流になりつつあった時期でもあり、写植技術を習得していた私に〝白羽の矢〟が立ったようである。

しかしあとでわかったことだが、紹介してくれた友人が〝仕事嫌い〟の性格で、難しい案件などが入ってきたときに私を頼りたかっただけのようだった。理由はどうあれ、頼りにされて仕事にありつけるのは悪いことではない。

競艇新聞の製作会社に転職

昭和五十一年（一九七六）に九州印刷を退職し、私はアド広告社という、おもに競艇新聞の製作をおこなう会社に転職した。九州印刷の仕事は当時の私にとってはかなりハードなものであったため、転職を決めたのである。

転職活動では、基本給に技術手当が付く会社を探していた。すると勤務時間が午後の一時から十一時という会社の求人が目にとまった。それがアド広告社だったのだ。

仕事は午後からでピークは夕方五時ごろからだという。しかも給料が九州印刷の二倍ほどであった。仕事は大変そうではあるが、それに見合った給料がもらえるのならと、応募して採用されたのである。

アド広告社で担当したのは、いわゆる競艇の予想紙の製作である。個人経営の会社で、時間に追われるとても厳しい現場であった。製作が始まればトイレにも行けないほどである。

紙面に掲載する情報は、夜七時ごろから九時ごろにかけて一気に集まってくる。そこから本格的に作業が始まるのだ。まず情報を分析して結果を予想し、十一時ごろまでに紙面の製作作業を終わらせ、そこから何回も校正作業に入る。それでOKであれば、日付が変わる前に印刷所に入稿するのだ。午前一時か二時ごろまでには印刷を終えて、スポーツ新聞などとセットにして各地に配送するのである。

このとき、印象深い出来事があった。紙面に誤情報を掲載してしまったのだ。「明日、どこのレースで○△選手が何番目に出て、どんな船を使うのか」という情報が、予想屋などから入ってくるのだが、それがガセネタだったのである。

ガセネタをつかまされた背景はよくわからなかったが、公営ギャンブルとはいえ、予想屋などの世界には何か〝ウラ〟があるのだろうということがわかった出来事だった。意図的にガセネタを流した者がいたのかもしれない。

アド広告社はそんなギャンブル系の仕事も多かったが、その一方で〝おかたい〟仕事もやっている会社だった。

ある私立高校の入学試験問題の製作も請け負っていた。これも会社に泊まり込みでの作業であった。なにしろ入学試験問題である。外部への漏洩はご法度であり、大変神経を使う仕事であった。

それ以外にも、私は社長に、

「化学や数学、英語などの教育関連の仕事があれば積極的に請けましょう」

と提案、午後一時の出社直後から、競艇新聞の作業が始まる前の夕方五時ごろまでは、写植の原版製作の仕事に取り組んだものである。

また天皇陛下が福岡へ来られることがあったが、そのときには警察からの依頼で、天皇陛下の警護の段取りなどを製作したこともある。これも極秘で依頼された機密性の高い案件であり、ほとんど監禁状態で作業をおこなった。神経を使うハードな仕事が多い職場であったが、収入面ではとてもいい会社であった。

わが足をみたび襲った不運

しかし収入がよくてもハードな仕事はやはり身体に影響するものだ。あまりに忙しい時期は休みも取れない。家に帰れないなどということは普通のことであった。そんなことが続けば精神的に追い込まれることもある。

競艇新聞の製作中、一週間ほど泊まり込みで作業をしたことがある。一日二時間程度の睡眠時間しかなく、このときはさすがにこたえたものだ。

そんなハードな日々もひと段落して、仕事も落ち着きを取り戻したころである。私の足に三度目の悲劇が起こった。突然歩けなくなってしまったのだ。急性歩行障害を患ってしまった。

普通に歩いているときに、下半身に違和感を覚えたのが始まりであり、歩くことはおろか、立ち上がることもできなくなった。さすがに動けなかったため会社に出勤することはもちろん、病院にすら行くことができず、自宅で一週間ほど養生する羽目になってしまったのである。おそらくストレス性の歩行障害だったのだろう。

思えば小学生のころ、足の複雑骨折や炎症などを経験しているが、つくづく私の足は不運に見舞われるものである。一体何の因果であろうか。

「ひま人山岳会」

さてこのころの私は、プライベートで登山にこっていた。やはり体を動かすことが好きだったのである。

当時はいまのように週休二日が定着していない時代だった。土曜日は昼まで勤務して午後からは休みになる、いわゆる「半ドン」だった。その土曜日の勤務が終わると、岡福写植の同僚数名と博多駅まで歩き、そこから夜行列車に乗って、鹿児島の開聞岳や大分の鶴見岳、くじゅう山など、九州各地の山々に登っていたのである。いまはもうなくなってしまったが、当時は「かいもん」「日南」「西海」などの夜行急行が九州の国鉄路線を走っていたものだ。

最初のうちは岡福写植の同僚四、五人での活動だった。しかし現地の山では、ほかの登山者グループの人たちとも自然に仲良くなるものである。

「今度、一緒に万年山に登りませんか?」

といった具合に交流が生まれてくるようになる。いつの間にか二十人ほどの仲間ができ、その人たちと「ひま人山岳会」というサークルを立ち上げたのだった。

本格的な登山家の集まりではないため、みんなたいした装備などは持っていない。千メートル級の山に登ろうという活動を始めたのだ。私はその会の幹事を務めた。

いろいろな職業の人がいて、とても面白かった。デパート店員、看護師、大手靴メーカーの社員など幅広く、ちょっとした異業種交流にもなった。やはり自分とは違う業界の人から聞かされる話は興味深く、とても勉強になる。

メンバーはみんな私と同世代の、二十代の男女である。若い男女が集まれば当然〝ロマンス〟が生まれることもある。

私自身もけっこう楽しい経験をさせてもらっている。当時は携帯電話やメールなどはまだない時代。連絡は自宅か職場に来るのが当たり前であった。あるときは一時間のうちに五人の女性から職場にデートの電話が入る、などということもあり、周囲を大いに驚かせてしまったものである。

私自身、そんなにモテるほうではないという自覚はあった。しかし会の幹事として旅の手配をしたりなど、みんなの世話役的な立場であった。そんなところを評価してくれる人がいたのかもしれない。

会のメンバーも増えていき、活動の規模も大きくなっていった。私ひとりのいわゆる〝ワンオペ〟も辛くなってくると、

「松尾さん、自分も手伝うよ！」

と積極的に協力してくれる人も出てくる。企画係、会計係、食料調達係、食料運搬係、気象係などと役割分担をして活動するようになった。私はそのスタッフ

を取りまとめる一方で、会報のようなものを作って配布することもやっていた。

会報には、活動予定や活動報告などを掲載していた。こういったところでは自分の仕事が活かされるものだ。活動報告では直近の登山の様子などを記す。誰が参加し、どこの山に登ったか、費用はどれくらいかかったか、などである。登山時のエピソードなどを記すこともあった。

運搬係のメンバーの中に、とても酒好きな男がいた。彼は食料などとともに酒も運ぶのだが、まだ登山途中であるにもかかわらず、我慢できずにその酒を飲んでしまったことがあった。そのため山頂への到着が遅れてしまったのだ。

着いたときにはかなり〝いい気分〟になっていたようで、下山のときも酒のせいで遅れ気味。あやうく帰りの汽車に乗り遅れそうになったという出来事があった。

こんなエピソードを会報に掲載すると、ほかのメンバーたちも楽しく読んでくれる。次の登山のときにもその話題で盛り上がれるというわけだ。みんなを楽しませようというサービス精神も強かったのだろう。この手のサークルの世話役には必要なものだと思う。

リーダーの素質とでもいおうか、人を引っ張っていく力、そのようなものが私にはあったのかもしれない。いろいろなコミュニティやイベントの幹事を務めることも多かった。職場の忘年会や新年会、歓送迎会などの幹事はよくやったものだ。クリスマス会の幹事を務めたときは、いろいろと趣向を凝らして参加者を楽しませたこともある。そういったことが好きでもあり、自分に向いていたのだろう。

心に刻まれた母の言葉

「ひま人山岳会」の世話役をやっていたせいか、友人の輪も広がっていく。私の自宅にはメンバーからの電話連絡のほか、手紙などが届くことも多かった。自宅を訪ねて来る友人もいて、家の中がにぎやかになったこともある。

私が不在のこともあったが、そんなときは母が友人たちに対応してくれていた。

あるとき、メンバーのひとりから、

「松尾さん、あなたのお母様はとても対応がていねいですね」

と言われたことがある。その人が私の自宅を訪ねたとき、たまたま私が仕事で留守にしていたのだが、母がていねいにもてなしてくれたようなのだ。そのときに母がこんなことを言ったというのである。

「榮治は皆さんのお世話をさせてもらっていますけど、あんな息子ですからご迷惑をおかけすることも多いと思います。そのときは気にせずに叱ってあげてくださいね」

母が私のことを友人にそんな風に言ってくれていたと知り、そのときの私はなぜだか目頭が熱くなっていくのを感じてしまっていた。姉の介護や父の失職などで大変な思いばかりしていた母。そんな母の姿をずっと見てきたからだろうか。大変な中でも、私のことも心配してくれていたのだ。

このことはそれからずっとあとになっても、私の心の中に母の思い出のひとつとして刻まれている。

第３章　独立開業

仕事ぶりが評価されて独立へ

アド広告社での仕事は過酷ではあったが給料はよかった。ただ、社長がやや問題のある人物だった。私たち社員の給料はきちんと支払ってくれていたが、取引先への支払いがあまりうまくいっていなかったようである。そのため取引先各社からの評判は芳しくはなかった。支払日になると雲隠れしてしまうような経営者だったのだ。

集金人が来る日になると、

「松尾君、ちょっと車で駅まで送ってくれないか」

など と言って逃げてしまうのである。私も最初のうちはよくわからなかった。しかし社長がいなくなったあと、決まって集金人が会社にやって来るのを見て気づき、あきれたものだった。

しかし社長のこんな有り様には取引先各社もさすがに困り果てていたようである。

とくに競艇新聞の製作を依頼してきていた会社は本当に困ってしまって、関係していた各社で対応を協議したようだ。そして、

「松尾さん、あなたが独立して競艇新聞の製作をやってくれんか？」

と頼んできたのだ。つまり私が独立して別会社を立ち上げれば、競艇新聞の仕事はアド広告社ではなく私の作った新会社に発注するということだ。

「アド広告社は信用できないが、松尾さんなら安心して頼めるから」

それまでの私の仕事ぶりが取引先に評価されていたということであり、自分自身への大きな自信にもつながった。

こう言ってもらうことで、私は独立開業の機会を得た。競艇新聞の製作に関わっていた製版会社の社長と印刷会社の社長が保証人になってくれたため、会社設立の資金も銀行から借り入れることができた。

借入金は五百万円だった。

「そんな金額でできるのか？　一千万円くらい借りたらいいじゃないか」

と保証人になってくれた印刷会社社長に言われたが、大きく借りても銀行への月々の返済額が大きな負担になる。蓄えもあったし、いきなり無理はせず、地道に手堅くいこうと考えていたのである。

昭和五十三年（一九七八）、三十一歳のときに私はアド広告社を辞めて、福岡市博多区に「パイン写植」という会社を立ち上げた。「パイン」という名称は私の姓「松尾」の「松」からきている。私が代表となり、社員も最初は二名雇った。ここで競艇新聞の製作を請け負ったのである。地道に、そしてていねいに仕事を続けてきたことで勝ち取った信頼は大きいと感じたものだ。

競艇新聞という比較的安定的な収入源があったおかげで、事業は順調に進んでいった。ほかの会社からの発注も増えていった。福岡市にある博多総合印刷というわりと大手の印刷会社からも安定的に発注があり、先方の社内にパイン写植の出張所を設置して社員を常駐させるまでになった。

私は英語ができたが、それで新しい仕事につながることもあった。熊本県荒尾市にある、九州で最大級といわれた遊園地、Mランドの英語のディスプレイ製作や、あるホテルの外国語担当にもなって館内ガイドやレストランの案内などの製作も請け負った。「芸は身を助く」などというが、英語が仕事の役に立った出来事である。どんなスキルであっても、習得しておけばいつか何かの役に立つかもしれない。

「写植のコンビニ」

平成四年（一九九二）、四十六歳のときには仕事面で新境地を開くことになる。

九州を中心に店舗を展開している家電量販店「ビッグ電器」の事業拡大にともな

い、チラシ広告の製作を受注するようになった。

新聞折込などのチラシの製作は非常にハードである。とくにビッグ電器のような家電量販店は毎週チラシ広告を出す。掲載する商品数が多いことに加え、各商品の詳細情報や写真などがそろうのに時間がかかり、ギリギリになってしまうこともある。入稿直前での差し替えも珍しくない。写植作業も、深夜に及んだり徹夜になったりすることもある。通常の製作ではとても間に合わないのだ。

そういった作業に対応できる業者がないということで私のところに相談があった。ちょうどそのころ、当社に夜勤対応可能なスタッフがいた。そのスタッフにビッグ電器案件を専門に対応してもらうようにしたのである。ほとんど二十四時間対応の作業だったせいか、いつの間にか誰が言うともなくパイン写植は「写植のコンビニ」などと言われるようになったのだった。口コミで噂も広がり、緊急案件なども舞い込んでくるようになった。

生死の境をさまよう病に倒れる

少し時を戻す。独立もして、取引先も順調に増やしていた昭和五十五年（一九八〇）のことだ。私は三十三歳になっていた。あぶらの乗り切った働き盛り時期でもあったが、この年は私にとっては激動の年でもあった。

まず私自身に健康上の問題が起きてしまった。急性肺炎を患ったのである。病院でレントゲン撮影をしてみると、肺の四分の三が真っ白になっていた。血流が止まってしまい、機能していない状態だったのである。そのため呼吸がしづらい状態が続いた。

四十度前後の高熱が続いた。下がる気配もない。全身から汗ばかりが噴き出してくる。着ている寝巻も布団も、あっという間に汗でぐしょ濡れの状態になっていくのだ。

生死の境をさまよう、とはこんな状態なのだろう。発熱から四日目には私自身があきらめてしまった。このときばかりは死を覚悟するほどの辛さだったのだ。

「人間なんて死ぬときはこんなもんだろう」

熱にうなされながら、ぼんやりとそんなことを思ってしまった。

高熱で意識が朦朧とする日が続いた。周囲の音などは聞こえていたようだが、それが何の音かはわからない。看病してくれている人がいたのは理解できたが、それが誰なのかがはっきりしないほどだ。うっすらと、母の顔が見えていたことは記憶にある。室内の天井の様子と、そこに灯りがついていることくらいは、ぼんやりとだが感じていた。

仕事が順調でも、こうなってしまってはもうどうしようもないという境地にも至ってしまっていたのだろうか。なんとか頑張って元気になろう、などという気持ちはまったくなかった。感情というもの自体がなくなっていたといってもいい。はっきりと記憶にないが、完全に回復するまでに二週間近くかかってしまった。

結婚そして母の死

また結婚したのがこの年である。しかし同じ年、結婚する前に母を亡くしている。

母は実家のトイレに入っているときに、脳梗塞で倒れてしまったのだった。看病の甲斐なく、ほどなくして母は亡くなってしまった。

自宅で執り行った葬儀には多くの親戚や友人、仕事関係者が参列してくれた。このとき、葬儀の手伝いなどをしてくれたのが、パインの社員だった妻なのである。親戚などがそのときの妻の様子を見ていて、

「あの人は嫁にいいのではないか」

と言って背中を押してくれたこともあり、結婚することになったのだ。

葬儀のときの妻の姿は私も見ていた。実は母亡きあと、私にとっての気がかりは障害を持つ姉のことだ。その姉と接する機会が増えるだけでなく、場合によっては世話をしてもらう可能性もある。

「この人ならば大丈夫だ」

と思えたのだ。介護をしてもらうために結婚するわけではない。私が抱える事情を理解してくれる人として、私は妻の強さや柔軟さに心を動かされたのであった。

呼吸器障害を患う

母の死、結婚ときて、不幸から幸福へと転じたようにも見えるが、人生とはなかなかうまくいかないものである。

その翌年に今度は呼吸器障害を患ってしまう。

社員と一緒に仕事で石川県まで行ったときのことだ。一月の寒い時期である。さすがに冬の北陸は寒い。現地滞在中は何もなかったが、福岡に戻ってきた途端に倒れてしまった。

石川の寒さにやられたのか、現地で何かに感染してしまったのかはわからない。

一年前の急性肺炎の影響がまだ残っていたのか。急に呼吸がしづらくなったのである。このときは発熱などはなかったが、やはり呼吸がしづらいのは辛いものだ。何とか頑張って仕事はこなしたが、仲間たちには大変な迷惑をかけてしまった。

六年間で二度の交通事故

何の巡り合わせか、どんな運命なのか、私は数年に一度ほどのペースで大きな病気をしたり、大怪我を負うことがある。人生において、交通事故にも何度か遭っているのだ。

昭和六十年（一九八五）、三十八歳のときである。この年は第一子を授かった。女の子である。仕事も家庭も張り合いのある充実した日々を送っていたときだった。

十一月のある日のことだ。その日の仕事もほとんど終え、あとは取引先への納品を残すのみとなっているときだった。翌日は仲間たちと一緒に福岡国際センターで開催されている大相撲九州場所を観に行くことになっていた。すでにチケットも入手済みである。相撲観戦はやはり楽しみであり、なんとなく気持ちも高揚してくる。

「これを客先に納品すれば今日は終わりだ」

そんなことを考えつつ、私は納品物を載せたバイクに乗り、取引先に向かった。国道三号線の板付付近を走っているときだった。あたりはもうすっかり暗くなっている時間帯だ。

道路もそこそこ混んではいたが、渋滞するほどの交通量ではなかった。片側二車線ずつの道路だったが、側溝の工事をしていた。そのため一車線のみが通行可能になっていた。工事で通行できない車線を避けて、中央分離帯に近い車線に入る。工事中の車線を左手に見ながら走っていたときだ。突然目の前に白い壁が現れた。

「あっ！」

そう思った瞬間だった。

ジャリッ！

何かをすり潰すような鈍い音が聞こえたかと思ったところで私の記憶が途切れている。意識が戻ったときは病室のベッドの上であった。何が起きてどうなって、どうやってここに運ばれてきたのか、まったく記憶がない。

あとで聞いたところによると、工事でふさがっていた左側の車線、私から見えないところに縦列駐車していた車が突然私が走行していた車線に入ってきてしまったのだ。その車に私は横から激突されたのである。

命が助かっただけでもよかったが、楽しみにしていた相撲観戦は当然なし。一緒に行く予定だった仲間たちもさすがにその状態で観戦に行くわけにもいかなかったようで、キャンセルしてしまったという。気の毒なことをしてしまったものだ。

その六年後には、ガソリンスタンドから車道に出てきた車と衝突してしまう事故に遭った。足は複雑骨折、肋骨も折れ、満身創痍の状態となった。

いずれのケースも相手側の前方不注意であり、私に過失はなかった。保険などでなんとかなったが、仕事ができない期間ができてしまい、関係者には迷惑をかけてしまった。

交通事故とはつくづく恐ろしいものである。〝もらい事故〟などと言われるが、こちらがどんなに気を付けていても、ほかの人に不注意があれば事故に巻き込まれてしまう。私はケガですんだが、命を落としてしまう人だっているのだ。

結婚後の妻

ところで結婚直後、私は妻と相談して、子どもは作らないことを決めていた。妻は皮膚病を患っていたのだ。しかもそれは子どもに遺伝してしまう可能性すらあると、医師に言われていたのだ。結婚の数年前に問題になっていた「カネミ油症」の影響も疑われていた（※）。

妻は結婚後五年ほどの間、アメリカ製の特殊な薬品を服用していた。しかし、それをやめるときがきた。薬が高額で保険対象外であることもそうだが、妻の妊娠がわかったのだ。主治医からは、

「薬の服用を続けると、生まれてくる子どもに悪影響がある」

と言われた。

しかし不思議なことに、その後の妻の病状は少しずつだが上向いていった。子どもを授かったということが、妻の身体や心に何らかの好影響があったのかもしれない。子どもは作らないと決めていたが、せっかく授かった命である。思い切って産んでみることにしたのだ。

生まれてきた長女は、小学二年生ごろまでは湿疹が出やすかったのだが、心配された皮膚病の遺伝はほとんど見られなかった。その後生まれた長男にも、気になるような症状は見られなかった。やはり気持ちがまさることがあるのだろうか。

※カネミ油症事件……昭和四十三年（一九六八）、福岡や長崎を中心に西日本一帯で発

生した食中毒事件。福岡県北九州市のカネミ倉庫社製の「ライスオイル（食用米ぬか油）」が原因であったため、こう呼ばれる。製造過程で有害化学物質ポリ塩化ビフェニール（ＰＣＢ）が混入してしまったことによる。このオイルを摂取した人には吹き出物、色素沈着などの皮膚症状のほか、神経症状、関節症状、呼吸器症状などさまざまな症状があらわれた。妊娠していた女性患者から、全身黒褐色の胎児が生まれて二週間ほどで死亡する事件も起こった。現在でも後遺症に苦しむ人がいる。

第4章　福祉マップ『あいのみち』

人生をかけた一大事業

　不慮の病や不運な事故を乗り越え、仕事をがむしゃらにこなしていき、気づけば五十歳になっていた私。このころから人生をかけたような大きな事業に取り組んでいくことになる。

　平成十二年（二〇〇〇）に発行した介護福祉マップ『あいのみち』の製作である。作業に着手したのは平成十年（一九九八）。それから約二年半の歳月をかけて発行にこぎつけたものだ。

『あいのみち』は福岡市、久留米市、太宰府市、宗像市など福岡県内の主要な町の介護福祉マップである。障がい者施設や車いすトイレ、手話サービスや誘導ブロックなどの所在を記した地図で「だれでもわかる介護福祉マップ」がコンセプトだ。

障がい者やその介助者が町へ出ても困らずにすむよう、必要な施設やサービスを詳細に調べて地図に落とし込んでいる。介助者向けに車いすでの階段の昇降方法のアドバイスや関係する法令の解説などもコラム的に盛り込んでいる。障がい者だけでなく、託児ルームや授乳ルーム、ベビーカーの貸し出しサービスなどの案内も記しており、育児中の親世代にも活用してもらえるものだ。

「あいのみち」という市民団体を立ち上げてこれを発行元とし、パインで製作したのである。

社員だけでなく、アルバイトのスタッフやボランティアの力も借りて地道な作業をおこなった。みんなで街を歩き回り、コツコツとデータを集めていったのである。駅やホテル、飲食店、医療施設、役所、商業施設など約八百か所について、障がい者用の設備の有無など三十数項目をチェックしていき、行政資料なども詳細に調べていった。

ちょうどこのころは、原版製作の受注が減り始めていたときであった。それに対する危機感は確実にあった。しかし一方で、ビッグ電器からの発注は安定的で、事業も好調な時期でもあった。

『あいのみち』は新境地開拓の目的もあった

またこのとき、パインは東京の拠点として「パイン企画」を千代田区岩本町に設けた。バリアフリーという言葉が市民権を、え始めた時期であり、近い将来、介護や福祉が重視される時代が来ると読んでいた。このマップを福岡だけでとどめておくのではなく、日本各地で必要としている人々にも届けたいと考えていたのだ。そのため、厚生労働省など国の行政機関に働きかけるための拠点にしようとしたのである。

またこの事業に着手したころは、世の中も大きく変わっていた。とくに印刷業界は変化が激しかった。数年前に「ウィンドウズ95」が発売されて以降、さまざまなところでデジタル化が進んでいった。「紙モノ」と呼ばれる印刷物の需要も減っていったのである。

「写植も版下もいずれダメになる」

そう思っていた。実際に周辺の同業者の廃業も増えていた。写植はなくなり、ワードプロセッサーによる製版になりつつあった。私の会社だけでなく、紙モノはこのころから「右肩下がり」が始まっていたのだ。現状のままでは立ち行かなくなることは目に見えており、新しいことを始めなければ生き残っていけないと考えていたことも、このマップに取り組むきっかけにもなった。

姉の存在が原動力に

そしてこのマップ製作に取り組む大きなきっかけは、何より姉の存在である。

生まれたときから脳性小児麻痺を患っていた姉。私は中学校に入るまでは、いつも姉と一緒にいた。食事の世話をしたり、オムツを交換したり、天気のいい日に縁側でひなたぼっこをさせたりなど、両親と一緒に姉の介護もしたのだ。そのため、障がいを持った人に対する見方が、ほかの人よりも少し違っていたのかもしれない。介護の大変さも身をもって体験している。

当時はまだバリアフリーなどという言葉はなかった。言葉がないだけでなく、そんな考えもない。障がいを持つ人の中には、外に出たくても出られないという人もいたのだ。道路も階段も、駅や商店などの公共施設も、障がい者が利用することを想定した造りになっていなかった。

「世の中は障がい者になんて冷たいのだろう」

そう思うこともしばしばであった。

姉が入所している施設のメンバー三十名ほどと一緒に、長崎に旅行したことがある。姉を車いすに乗せて、私が押していったのだ。このとき驚いたのは、観光地であっても車いすでも利用できる障がい者用のトイレがあまりに少ないことである。たったひとつの障がい者用トイレに、車いすの障がい者が十数人並んで待っている光景は、やはり異常としかいいようがなかった。

地下鉄の駅においては、エレベーターを乗り継がなければ地上に出られない、あるいは障がい者用のトイレも鍵がかかっていて使えないというケースにもたびたび遭遇した。使う人はほとんどいない……などと思っての処置なのか。防犯上の理由もあるのかもしれないが、ちぐはぐな印象を受けた。

「これでは障がいを持った人は外出するなと言っているようなものだ」

そう思った。

この介護福祉マップのようなものを必要としている人はたくさんいるはずだ。これがあれば、どれだけ多くの人が助かるだろうか……。そんな思いが強く後押ししたのである。

『あいのみち』に賛同する企業も

完全な自費製作として取りかかった仕事である。しかし趣旨に賛同してくれてスポンサーになってくれる企業や団体がちらほらと現れるようになった。地元福岡では西日本観光や中小企業家同友会、全国的に知られる企業としてはコリラ飲料、Y食品などである。コリラ飲料などは協賛の話が決まると、すぐに本社企画室からロゴなどを送ってきてくれた。やはり大企業にとっても人助け、つまり社会貢献活動は大切なことなのだろう。この動きが広がっていくことを期待したものだ。

役所関連や各種団体、政党なども回り、趣旨を説明して協力を求めていった。その活動を通じて人脈の大切さを痛感したものである。

ありがたいことに地元・福岡の新聞やテレビも取り上げてくれた。協賛金や協力者を集めることに役立ったものだ。

資金不足で刊行に暗雲

しかし、現実はなかなかうまくいかないものである。当初予定していた企業からの協賛金が不況の影響で集まらなくなっていたのだった。資金不足に陥り、さすがに作業を中断せざるをえなかったが。

スタッフたちとも協議を重ねた。ここでやめてしまったら、それまでの苦労が水の泡になってしまう……。このマップを必要としている人たちがたくさんいる……。みんなそんな思いが強かった。

そして出した結論は作業の「継続」である。資金が集まるのを待っているよりも、最新の情報を形にして、少しでも早く困っている人たちに届けたい……。そう考えたのだった。

当初は十二万部製作して無料配布する予定だったが、部数は二万部に変更。そして一部二千円での有料販売に計画を変更して完成にこぎつけた。

また計画が難航していることを新聞報道で知った人からのカンパもあり、大変助かった。やはり待ち望んでいる人がいるのだと、あらためて実感し、思いを強くすることができたものだ。

啓蒙・PR活動

『あいのみち』を必要とするより多くの人々に届けるため、啓蒙・PR活動にも力を入れた。広告を出すような予算はないため、メディアをうまく活用することを考えたのだった。

そのためにまず、人脈づくりに励んだ。中小企業家同友会というコミュニティがあり、そこに入会して異業種交流会などに参加して人脈を広げていった。中小企業の経営者やナンバー2の人が多く、大変勉強になった。

この同友会で知り合った人や親戚を経由してNHK福岡放送局に『あいのみち』を紹介したところ、

「こんなマップがあるんですか！　これはぜひ紹介したい！」

と大いに驚かれ、テレビ番組内で紹介してもらえることになった。このとき、同友会の青年部会のメンバーたちと一緒に出演した。姉が入所していた篠栗園の園長も、ＮＨＫに出演して協力してくれた。ＮＨＫだけではなかった。ＲＫＢ毎日放送、九州朝日放送（ＫＢＣ）、ＦＢＳ、ＴＶＱ九州放送なども番組で取り上げてくれたのである。

ＫＢＣはラジオ番組でも紹介してくれた。当時の福岡市長と福岡の今津赤十字病院の院長が出演するトーク番組で話題にしてくれた。

テレビでは、姉が入所していた篠栗園も協力してくれた。車いすに乗った障がい者が、『あいのみち』を片手に街に出てショッピングをしたり歩道を走行したりする様子を撮影して、テレビで放送してもらったのである。

テレビだけではなく、西日本新聞も積極的に記事にしてくれた。そのおかげもあって『あいのみち』の認知度は急速に向上していったのだ。福岡市の都市計画部署からも『あいのみち』を活用したいとの申し出があり、購入してもらうことができた。やはりメディアの力はすごいものがある。同時に多くの人が『あいのみち』のような介護福祉マップの必要性を感じていたのだということもわかった。それだけ反響が大きかったのである。

同友会活動

中小企業家同友会は、私にとって大きな存在となった。会には福岡を中心に活動している経営者が多く参加している。経営者としてまだ実績の少ない私にとって、大いに勉強になる会であった。

そしてこのようなコミュニティは、ただ参加するだけでは意味がない。そこに参加する人自身の気持ちや考え方次第で、いろいろな〝動き〟が生まれるものだ。

私はこの同友会は「自分が動けば動く会」だと思っている。参加者の会社はひとつひとつ個性があり、どれも違うキャラクターを持った会社だ。自分に「ここで学ぼう！」という気持ちがあれば、いくらでも学ぶことができる。学べば学ぶほど、知識も人脈も広がっていき、終わりはない。それまではまったく知らなかった人と出会えて、その人とあたかも〝竹馬の友〟のような、むしろそれ以上の関係にもなれる。そんな奥深い会なのだ。

同友会での交流を通じて、私は気づいたことがいくつかある。

人は実際に会ってみて、話して、ケンカもして、一緒に笑ったり泣いたりするような経験を通じて初めて分かり合えるものなのではないだろうか。そんな経験をたくさんさせてもらった。

現在はＳＮＳなどが発達し、会ったことのない相手とのコミュニケーションが簡単にできるようになっている。しかしそこで築いた関係性は希薄なものだと思っている。やはり実際に会ってみないと、その人となりはわからないものだ。リアルに勝るものはないのであり、人間関係は心をオープンにした交流の中で作られていくものだ。そして人間関係のないところにビジネスチャンスはない。私はこのことを、のちに何度も思い返すことになる。

資金繰りに苦心

このマップのために新しく機材なども購入し、人員も増やした。そのための資金調達には苦労した。

まず月々の人件費は二百万円以上。新規で導入した機材のローン返済が七十万円、その維持費は五十万円ほどであった。それ以外にも諸経費が五十万円ほどにもなり、毎月の固定費が三百万円を超すほどになっていったのである。

自宅を担保にして銀行から借り受け、さらに生命保険も解約して資金の足しにした。しかし借りたものは返さなくてはならない。借りた瞬間に返済の恐怖がおそってきた。大口の受注があればそれで補うこともできたであろうが、それも難しい状況だった。最初の銀行融資では追いつかず、別の銀行からも融資を受けることになる。

毎月のように、私はものすごいプレッシャーにさらされることになった。『あいのみち』も製作をあきらめかけたが、それでも、

「頑張ればなんとかなる、前に進むしかない。五十パーセント進めば先が見えてくる！」

と、自分を奮い立たせ続けていた。

しかし「頑張ればなんとかなる」というのは甘い考えであることに、私はのちに気づかされる。そんな考えは二度と持ってはいけないと痛感することになった。お金がからむところに、甘いものはないのである。

第5章　挫折と再起

地図づくりの大変さを知る

多くのメディアで取り上げてもらったこともあり『あいのみち』は大きな話題となり、順調に売れていった。地図情報以外の、介護に関する豆知識などをコラムで挿入したことも、単なる地図以上の介護福祉読本として受け入れてもらえたのかもしれない。

スタッフで手分けをして、取り扱ってくれそうな書店や、必要としてくれそうな施設、団体などに営業に回った。地道な営業活動が少しずつではあるが実りつつあった。

しかし、完売したとしても利益はほとんどない。それでも自分がやらなければならない、自分にしかできない仕事だという思いが私を支えていた。経営としては失敗である。だが、人助けとなれば話は少し違ってくるのだろう。

「姉さんのように、こんなマップを必要としている人は大勢いる」

困っている人の役に立てるならば、当面の利益はなくても仕方がないとも思っていた。

地図作りというのは大変な作業である。間違いがあっては地図としての役目を果たさない。地図を信頼して使ってくれる人のためにも、正確性が求められるのだ。

地図というのは〝生き物〟のようなところがある。地図上の情報は変化が大きいのだ。あるはずの建物がなくなっているということもある。店舗などの名称が変わることも多い。一方通行の道路にいたっては、その方向が逆になることもある。変化情報については常にアンテナを張っておき、必要に応じて印刷をしなおすこともある。その経費も大きい。

挫折の始まり

そしてこのころから、少しずつではあったが事業を拡大していく中に、つまずきがあった。

平成十三年（二〇〇一）には健康食品、いわゆるサプリメント関連のチラシの製作も受注するようになった。健康ブームなどという時代の到来がその背景にある。少子高齢化の進行による社会保障への不安が世の中にじわじわと広がり始めてもいた。医療費の増大や年金問題などもあり、自分の努力で健康を維持しなければならないという、予防医学などという言葉も耳にする機会が増えていったのもこの時期である。

このサプリメントのチラシは一度に数百万部単位で印刷をする。それを大手新聞社グループの広告代理店経由で九州各地にばらまくのだ。百万部まいて一万人から五万人ほどから反応があれば、利益が出るような仕事であった。

しかしこちらは小さな零細企業である。代理店への支払いは現金しか受け付けてもらえない。ところがチラシを発注してくるサプリメント販売会社からのチラシ製作費の支払いは手形なのだ。八か月、あるいは十か月先にならなければ製作費を支払ってもらえない。これでは代理店への支払いもできなくなる。その間の人件費やリース代などの固定費の支払いも厳しくなってしまう。

このチラシの印刷は、光栄印刷というところに発注していたが、こちらへの支払いも滞ってしまい、四百万円ほどの印刷費が払えなくなってしまったことがあったのだ。

それまでやってきた写植の仕事とは、桁違いのお金が動く仕事であった。お金を回していくこと、やりくりの難しさを痛感させられた。

パイン閉鎖へ

『あいのみち』はスポンサーがついたとはいえ、もともとは自費製作である。協賛金だけでまかなえるはずもない。そもそも協賛の動きも、結局は期待したほどには大きく広がることもなかった。

製作にあたっては、かなりの額の借り入れもしている。その返済もできない状態にじわじわと追い込まれていった。

私のそんな状況を見かねてか、印刷を発注していた光栄印刷から、

「松尾さん、じゃあうちで働いてくれないか」

との申し出があった。このとき、光栄印刷への未払いの印刷費は四百万円ほどが残っていた。つまりその支払いについては、働いて返すことになったのである。

ここで私は悩んだ末、パインを閉鎖する決断をした。事実上の倒産である。創業から二十三年、とうとうそのときが来てしまったのだ。自分で立ち上げ、育ててきた会社を閉めてしまうというのは我が子を失うような辛さ、悲しさ、悔しさ

があったが、現実に立ちはだかる壁には太刀打ちはできない。

光栄印刷では新規開発営業の仕事をすることになった。そこで四百万〜五百万円ほどの案件を受注して、それなりの貢献はできた。

しかししばらくすると、光栄印刷から別会社に出向することを命じられる。出向先はＴプリンティングというところだ。こちらでも営業を担当した。おもに美容室の広告集めを任されたが、会社に偽情報が入るなど、うまくいかないことが多く、私はここを無給のまま辞めて、再び光栄印刷に復帰して仕事を続けることになる。

自己破産

私は大きな壁にぶつかってしまった。会社を潰し、多くの借金を抱えて、それを返すために働き続けなければならない。

蓄えはあったものの、それを使い果たすのは時間の問題だった。妻と娘、そして生まれたばかりの息子を抱えて、そこからなんとかして生きていかなくてはならない。

パインでの借金はかなり大きいものになっていた。『あいのみち』の製作のために、マッキントッシュを四台導入したが、一台あたり四百万円ほどかかってしまう。資金繰りが厳しくなっていき、生命保険を解約したり、資産を処分してお金を作ったほか、銀行からも三千万円の融資を受けた。

事務所費や人件費など月々の固定費は三百万円ほどだった。結局、サラ金からも借り入れることになってしまった。借金で首が回らない状態になってしまう。その返済のため、私はアルバイトなど職を転々とすることになる。しかし活版から写植と、印刷の世界ひと筋で生きてきた私に、すぐにできる仕事はなかなか見つからなかった。

そんな状況から、私はついに自己破産の申請をすることになる。自己破産という言葉はよく耳にする言葉だが、それがまさか自分の身に降りかかってくるとは予想だにしていなかった。

借金でヤクザに付きまとわれる日々

自己破産しても、すべてのことから逃れられるわけではない。サラ金から借金をしてしまったことが、私をさらに過酷な状況に陥らせてしまう。昼夜関係なく働いても、借金の額が大きかったため、なかなか追い付かない。自分や家族の暮らしもある。

そのうちに返済が滞るようになる。その結果、ヤクザに付きまとわれることになってしまったのだ。債権者、つまりサラ金側のヤクザである。サラ金とヤクザが裏でつながっているだろうということは想像できたが、自宅にまで取り立てに来るようになると、このままではまずいと思うようになってくる。

さらには妻の実家にまでやって来るようになり、さすがに恐怖と不安を覚える。テレビドラマなどでしか見たことがないような光景が、現実のものになってしまったのである。

当時は自宅に幼い娘も長男もいた。家族にどんな危害が及ぶかわからない。妻の実家にも迷惑がかかっている。妻とも話し合った結果、私は妻と離婚することにした。娘と息子は妻が引き取って実家に戻ってもらった。そして私はひとりで暮らすことになったのである。

ヤクザによる拉致

家族と別れても安心はできなかった。私の身に危険が及ぶ事態となった。映画やドラマでしか見たことのないようなことが現実に起きたのである。

パインを閉鎖して光栄印刷からの出向先、Ｔプリンティングで働いていたときのことだ。八月の暑い朝だったのをよく覚えている。私はいつものように車で出社し、会社の駐車場に入ったときだった。見慣れない黒塗りの車が一台、駐車場に停まっているのである。

「誰の車だろう……？」

そのときは会社に来た取引先のお偉いさんの車だろうと思っていた。私は自分の車を停めて、車を降りて事務所に向かおうとしたその瞬間、突然うしろから強い力で腕をつかまれた。思わず振り返ってみると、明らかに〝そのスジ〟の男が立っていたのである。

その瞬間、身体が硬直してしまうような感覚に襲われた。そして直感的にすべてを理解した。借金の取り立てのヤクザだったのである。

「とうとうここまで来たか……」

そう思った。

こうなると〝シロウト〟の私はどうしていいのかわからなくなる。返済が滞っていたのはわかっていた。取り立てが厳しくなることも予想していたが、ついに職場にまで押しかけてきた。

しかしこの事態は、まったくの想定外ということでもなかった。勤務先も把握されてしまっている。知り合いの別のヤクザ関係の人からも、

「職場まで取り立てにいくかもしれんぞ。もうTプリンティングには行かないほ

うがいい」

と言われていたのだ。だから、いつかそういうときが来るだろうとは覚悟はしていた。しかし、もっと先のことだろうと高をくくっていたのである。まさかこんなに早くやってくるとは思いもしなかった。

ヤクザに腕をつかまれて硬直状態になっていると、黒塗りの車からもうひとりヤクザが降りてきた。彼は私の前まで来ると
「松尾さん、ちょっと一緒に来てくれんね？」

わずかだが、私はこの言葉には救われた。ほかの場所で話そう、ということである。ここで一撃が見舞われる寸前であったが、この場で騒ぎを起こすわけにはいかない。会社に迷惑をかけるわけにもいかない。会社の人に見られていないうちに、早くほかの場所に移動したいという気持ちもあった。

私は言われるがままに自分の車をそこに残したままで、ヤクザの車に乗せられた。どこかに〝連行〟されるのは目に見えている。

「すみません、会社に電話だけ入れさせてください」

そのまま連行されてしまったのでは無断欠勤、そして失踪扱いにされてしまうかもしれない。車だけ残されて本人がいないとなれば〝神隠し〟などと言われて事件化されかねない。

ヤクザ側もそのあたりのことはわかっているのだろうか、私はその場で、携帯電話で職場に電話を入れさせてもらえたのだった。適当な理由を言ってその日は出社できないと伝えた。もちろんその後、そこに出社することは二度となかった。これがきっかけとなって光栄印刷とも縁が切れることになる。

出勤前の一瞬の出来事だった。ヤクザに拉致されてしまった私は、そのまま福岡市内にあるそのヤクザの事務所に連れて行かれた。全国的にも有名な、指定暴力団の事務所である。

こうなると、もうされるがままだ。抵抗のしようもない。どうにかして逃げようなどという気持ちも起こらないものである。私はヤクザの事務所にあるタコ部屋に監禁されてしまったのだった。

別のヤクザに助けてもらう

この状況に追い込まれてしまっては、ヤクザ相手に一般人ができることなどない。そこから逃れるために、私は以前取り引きのあった、北九州を拠点に活動していた別組織のヤクザに連絡をした。ヤクザにはヤクザ、なのである。

連絡を受けた北九州のヤクザは、すぐに福岡まで来てくれた。当時、私の未返済の借金は全体の残り三十パーセントであった。返済の目途が立たないほどのものではない。そのことを北九州ヤクザが福岡ヤクザに伝えて、

「目をつぶってやってくれや」

と頼んでくれたのである。それでその場はなんとか解決、私は解放されたのだった。

助けてくれたヤクザのつきまとい

しかしそれで一件落着とはならない。助けてくれたヤクザにも弱みを握られてしまったわけである。今度はその助けてくれたヤクザにつきまとわれることになったのだ。

銀行などの通帳やカード類はすべて取り上げられ、持っていた財産はすべて押さえられてしまったのである。当然収支もすべて把握されてしまう。

「おまえ、いまどこにおるとや？」

と、毎日二時間おきに電話がかかってくるような状態だ。電話に出なければ出ないで、

「なんで電話に出らんとや！」

と怒鳴られる始末である。行動がすべて監視されていたのだ。

それからの私は、そのヤクザの家に寝泊まりする日が続いた。居候などというものではない。ほとんど軟禁状態だ。そして、そのヤクザの子分のようになって

働かなければならなかった。

このときヤクザから与えられた仕事が、損害保険会社の新規開拓営業である。毎日のように飛び込み営業をさせられた。契約が取れても私に収入はない。すべてヤクザに取り上げられてしまう。完全にヤクザの使い走りのようになってしまっていた。

ヤクザとは心底恐ろしいもので、

「ドラム缶に詰めて洞海湾に沈めるぞ!」

などと、映画やマンガなどで聞いたことのあるセリフを本当に言うのである。彼らは法律もよく知っていた。違法と合法のラインがわかっている。弁護士ともつながっているので、ボロを出すことはまずない。「監禁された」などという話を聞くが、「換気のため」と称して窓を少し開けていたり、一か所だけでも鍵をかけずにおいたりするだけでも監禁にはならないという。そういった抜け道的なことも熟知しているのだ。

初めての接客業

捕らえられているヤクザの命令で、私は小倉紺屋町店のコンビニエンスストアの店員として働いた時期もあった。有名な商店街「旦過市場」から歩いてすぐのところだ。それまで接客などの仕事は一度もやったことがなく、初めての経験だがヤクザの命令なので仕方がない。

そのコンビニの近くには飲み屋などが多い、いわゆる〝色街〟があった。そのせいか日中は人があまりいない。そのため来店客も少ないのだ。せいぜい近くのビジネスマンが利用する程度である。

しかし夜になるとガラリと客層が変わる。多くのコンビニとは真逆で、深夜二時、三時になると店内が賑わうのだ。

色街の近くということもあって、水商売の女性の来店が多くなる。そんなお客はたいてい、男性同伴だ。店のお客、パトロンのような男であろう。

そしてそんな男たちは羽振りもいい。二、三人の女性を引き連れてやってくる男もいる。そして化粧品など、女たちが欲しがる物をどんどん買わせるのだ。そういったお客は一度に三万円、四万円レベルの買い物をしていくのは当たり前で、この店舗は売り上げ面でもかなり伸びていったようだ。どういった客層をターゲットにし、どこに出店するかでコンビニの成否は大きく変わるものだと思った。

山口きらら博での仕事

ヤクザの子分のようになり、損害保険の営業やコンビニ店員などをやりながらの生活が半年ほど続いた。ヤクザの家で寝起きしていたが、従順に働いていたせいか、それなりに信用はされるようになっていたらしい。次第に多少の自由が許されるようになってきていた。

自分で仕事を見つけてくることもできるようにもなる。ヤクザから逃れるために別のヤクザを頼ってしまったがための悲惨な状態だが、あとから考えれば、どちらのヤクザも裏でつながっていたようだ。結局は彼らの手のひらの上で転がされていただけなのかもしれない。

しかしそんな状態も、ひょんなことで終止符を迎える。

ちょうどこのころ、私は「日本警備保障」というところで警備員の仕事を始めた。このとき山口県阿知須町（現・山口市）で「21世紀未来博覧会」（きらら博）という地方博覧会が開催されることになった。そのイベント警備に加わることになったのである。おもに入場者の整理・誘導、入場券の確認、VIP誘導、障がいを持った来場者の誘導などの業務を担当していた。

このときも、外国人の来場者対応などで英語の力が活きた。その対応がいいと、運営者から大変評価されたものだった。

イベント警備とコンビニ店員のダブルワーク

この期間はヤクザの自宅を離れて、現地の宿舎に寝泊まりすることになった。ヤクザの元を離れられることで、多少はリラックスできる環境に移れたわけだ。

それでも毎日の二時間おきの電話はかかってくる。

この博覧会のメインイベントは、ファッションデザイナー・山本寛斎氏がプロデュースした「やまぐち元気伝説」というパフォーマンスイベントである。このイベントのおかげもあってか博覧会は大盛況だった。

三か月ほどの開催期間の間、私はコンビニエンスストアの店員アルバイトもかけもちしていた。昼は博覧会で警備の仕事、夜はコンビニ店員という、ダブルワークだったのだ。

働いていたのはJR小郡駅（現・新山口駅）前にある、大手のコンビニエンスストアだ。小郡駅は博覧会会場からもっとも近い新幹線停車駅であり、来場者のほか、博覧会関係者の多くがこの駅を利用する。また近くには山本寛斎氏のイベントに出演するダンサーや、スタッフなどが寝泊まりする宿舎もあった。

そこでレジ業務をやっていたある日のことだ。

「なんだ松尾さん、ここでも働いてたの？」

偶然だった。山本寛斎氏のパフォーマンスイベントに出演している顔見知りのダンサーが来店したのだ。

「あそこのコンビニで松尾さんが働いてるよ」

とそのダンサーが口コミで広めてくれ、来店者が一気に増えたのである。

ダンサーたちはイベントの合間に食べるサンドイッチやパン、おにぎり、牛乳などをそのコンビニで買って行ってくれるようになった。ダンサーだけではなく、ほかの博覧会スタッフにもその口コミが広がったようで、店舗の売り上げも増え、一時は山口県内で一位の売り上げにもなったという。店長もホクホクで大喜びであった。

あとで耳にしたことによると、口コミで広げてくれた人は、

「松尾さんみたいな小柄な人が昼も夜も働けるなんですごいなあ」

と思ってくれていたようである。私は借金返済と生活のためにできることをやっていたにすぎないのだが、頑張っている人を見ると、人は応援したくなるものなのだろうか。

かつて中小企業家同友会で経験したことを思い出す。直に接して話して、お互

いの人柄を知る。そこから信頼関係が生まれるのだ。仕事はそうやって広げていくものだろう。

ヤクザからの解放

さて、このコンビニエンスストアでの仕事の最中、思わぬ出来事があった。

私がトイレに入っているときのことだ。胸ポケットに入れていた携帯電話が鳴った。例のヤクザだ。慌てて電話に出ようとしたとき、手が滑ってうっかりトイレの水の中に落としてしまったのである。一瞬にして私の携帯電話はダメになってしまった。データはすべて消えて、通話もできなくなった。

一見、不運な出来事のようであるが、実はこれで私を監視していたヤクザと連絡が取れなくなったのだ。毎日やかましくかかっていた所在確認の電話からも解放されたのである。

ヤクザ側はおそらく、何度もかけてきていただろう。しかし私のほうに携帯電話がない状態である。つながるはずがない。

しかし相手はヤクザだ。私の所在を突き止めにくるだろう。いずれ見つかってしまうに違いない……。

「なんで電話に出らんとや！」

と言われるだろうが、事情を説明するほかはないだろう。逃げたと思われたら何をされるか、わかったものではない。殺されてしまうかもしれない。いつ見つかるか、正直ビクビクしながら過ごしていた。

映画やドラマなどに出てくるヤクザはこういう場合、その情報網を駆使して血眼になって、草の根分けても捜し出すイメージがある。私もそのうち居場所を突き止められて、Ｔプリンティングの駐車場で拉致されたときのように、再び連れて行かれるのだろう……。何を言っても信じてもらえないかもしれない。命を奪われるかもしれない。そんなことを考えていた。

ところがいつまでたってもヤクザは現れない。そして今日に至るまで、ヤクザ側からの接触はついになかった。あきらめたようである。

思えば私の財産はすでにすべてヤクザ側に奪われていた。コンビニと警備員の仕事でわずかな収入しか得ていない者からは、もうとれるものもないだろうと思われたのだろうか。これ以上追い詰める必要がなかったのかもしれない。トイレに携帯電話を落とすというささいな〝うっかり〟であったが、結果的にヤクザから解放されることになった。こういうことをトイレで「運が付いた」というのだろうか。

この山口きらら博は三か月限りのイベントである。仕事も契約が終了し、私は再び九州に戻ることになる。

第６章　介護タクシーの道へ

生活建て直しに向けて

思いもかけないことで、晴れてヤクザから解放された。しかし暮らしはまだまだ安定していない。借金も残っていた。ここからまた普通の暮らしに戻していかなくてはならなかった。借金を返済しながらの、生活の建て直しを目指すようになる。

コンビニや警備員の仕事も、いつまでも続けていくわけにもいかない。派遣で働こうかと考えたが、このとき私は五十六歳。年齢的に厳しいものがあった。

再出発は難しいと思われたが、このときも高校生時代を思い出す。特定伝染病に罹患して意識をなくし、一度は死んだ身である。そのことを思えば、どんな困難も乗り越えてやろうという気持ちがわいてくる。

惣菜工場で夜間勤務

いろいろと職探しをしていく中で、なんとか入ることができたのが福岡にある大手スーパー「丸協ストア」である。福岡、佐賀、長崎、熊本、大分、そして山口などに店舗を展開する食品メインのスーパーだ。このスーパーの福岡本社の惣菜工場で夜間勤務をすることになった。

丸協ストアの夜間勤務は、夜十時から朝の五時までだ。工場に入る前に、まず入念に手を洗う。ブラシを使って爪の中まで徹底的に洗うのだ。作業用の白衣と帽子、マスク、手袋を着け、白い長ぐつをはき、クリーンルームへ。そこでエアシャワーでホコリなどを取り除き、工場内に入る。徹底した衛生管理に驚いたものだ。

まずタイムカードを押す。すると自動的に工場のドアが開く。そして工場に入ると、それからミーティングだ。できあがった商品を配送するドライバーもその場におり、道路交通情報などが共有される。その日製造するものの種類や個数などを確認してから、床に引かれたラインに沿って歩いて自分の担当ポジションに就き、作業が始まるのだ。

スーパーの食品売り場に並べる弁当やおにぎり、惣菜などを流れ作業でケースなどに詰めていく仕事である。例えば幕の内弁当の場合、コンベア上に弁当ケースが流れてくる。まずそこに機械で決められた量のごはんが詰められる。そこから先はほとんどが人力だ。ごはんに梅干しをのせる人、魚の切り身を入れる人、玉子焼きを入れる人、最後にフタをする人……など、流れ作業で弁当が作られていく。最後はその弁当に機械でラップがけをするのだ。

いままで何気なく食べることの多かったスーパーの弁当だが、こんな感じで作られているのかと、その現場の衛生管理のすごさを痛感したものだった。

弁当作りのラインでは、私もいろいろな作業を担当した。数種類の弁当作りを、一度の勤務の間にぶっ通しでやるのだ。

幕の内弁当にタクアンをのせる作業をやったことがあるが、必ず二切れのせなければならない。これが増えても減ってもいけないのだ。一切れだと「人を切る」となって縁起が悪い。三切れだと「身を切る」でこれまた縁起が悪いという。単純な作業ではあったが、思わぬ知識を得ることになり、なんとなく面白さを覚えてしまったものである。

幕の内弁当が終わると、うな重弁当のラインに移動する。ごはんの上にのせられたうなぎの蒲焼きに刷毛《はけ》でタレをつけていくのである。四千、五千個ほどのうな重弁当を一気に仕上げるのだ。そしてそれが終わると今度は寿司のラインへ……といった具合だ。単純作業が多いが、慣れてくると自然とコツもつかめて、手際よくこなせるようになるものだ。

かと言って、けっして楽な仕事でもない。神経を使う仕事であった。とくに数量については厳しくチェックされた。例えば幕の内弁当で私が担当するタクアン。

これが一切れ足りないとなったとする。もともとのタクアンの数が間違っていたのか、あるいは私が間違えてひとつの弁当に三切れ入れてしまったのか。できあがった弁当をすべて確認しなければならない。場合によっては作業を最初からやり直すこともあるのだ。

そんな作業を経てできあがった商品は、トラックで各地に運ばれていく。長崎方面、熊本方面、大分方面など、常に三十台前後のトラックが待機していた。

借金の返済のため、このような夜の過酷な仕事をこなしたほか、コンビニエンスストア、警備員の仕事などもやった。睡眠時間も一日三、四時間という日が続く。

障がい者の作業所で営業を担当

借金返済のため、仕事は選んではいられない。できることならばなんでもやってやろうと思う一方で、このころの私はひとつの〝初心〟を思い出していた。パイン時代の『あいのみち』だ。思わぬことで挫折してしまったが、これに取り組んでいたときは、自分の生涯をかけたライフワークと考えていた。あのときの思いをもう一度取り戻そうと考えたのである。

丸協ストアで夜間勤務をしていたときに、昼間に勉強してホームヘルパー2級の資格を取得した。これを活かした仕事を始めようと考えたのだ。

しかしヘルパー資格を持っていても、それを活かした仕事がすぐに見つかるわけではなかった。現実はなかなかに厳しい。ここでも年齢の壁というものがあった。

それでも困っている人のために何かできないかと考え、平成十五年（二〇〇三）、五十六歳のときに福岡県庁の臨時職員として、福岡県精神障害者共同作業所「とんぼの家」で働くことになった。

ここでは精神障害を持った人たちが、はんだ付け作業や菓子箱の組み立てといった作業をしていた。私はそういった人たちのために仕事を探してくる営業を担当したのである。

障害を持った人たちなので作業内容や作業量には限界がある。そのため、納期や数量が厳密に決まっていない作業を請け負っているケースが多い。

「できた分だけ納品してください」

などと言われるような案件だ。私は毎朝出勤して、みんなと一緒にラジオ体操をしてから外回りに出かける。これを半年ほど続けた。

あちこちを回って、引き受けられそうな仕事を探した。このとき取ってきた仕事のひとつに、アクセサリーショップなどで使う、ネックレスなどのディスプレイスタンドの洗浄作業がある。一台あたり八十円ほどになる仕事であった。

知り合いやそれまで築いてきた人脈を頼って、あちらこちらに営業に行く。訪問先で事情を話すと、

「そういうことなら、こんな仕事があるけどどうだ？」

と、障がい者でもできそうな仕事を回してくれる会社や団体は意外にあるものだ。

あるとき、以前付き合いのあったある印刷会社を訪問し、そこの責任者にこの

作業所の話をしたところ、

「松尾さん、そういう仕事をしているんなら、ちょうどいい話があるよ」

と、井筒屋デパートの案件を紹介された。井筒屋は北九州の小倉に本店を置く百貨店だ。ここの紙製の買い物袋に、取っ手を糊付けしていく作業の案件をもらうことができた。その印刷会社が請け負っていた仕事だったのだが、それを譲ってくれたのだ。一個あたり三十円ほどの仕事である。

障がいを持った人のために働いていると伝えると、相手も事情を理解して協力してくれる。困っている人には何か手を差し伸べたいという欲求のようなものがあるのだろうか。人間の本性の深いところには、そんな優しさ、慈悲深さのようなものが眠っているのかもしれないと思うのだった。

ところが、である。

これを作業所に持ち帰ると、そこの所長が、

「ああ、せっかくなんだけどねえ……。今日は休んでる人が多くてねえ。対応できないんだよねえ……」

などと言い出す。せっかく取ってきた仕事だったのだが、受けられないというのだ。

どういう思いで私が営業して取ってきたのか、営業の難しさを理解しているのだろうか。いやそれだけではない。障がいを持った人たちのお役に立てるのなら、と、自分の職場の仕事を譲ってくれた印刷会社の責任者の気持ちも踏みにじっている。ほかの作業所で引き受けてくれるところが見つかったからよかったが、実に腹立たしい出来事であった。

それ以外にも六本入り缶ジュースの外箱や、五角形の和菓子の紙箱の組み立ての案件を受けてきたのだが、

「単価が安い」

「いまは人手が足りない」

などと、なんだかんだと理由を付けて断ろうとする所長の姿勢には不信感が募るばかりであった。

標識看板の営業をかけもち

福岡県庁の臨時職員として「とんぼの家」で働きながら、一方で鹿児島に本社がある「九州工業」の仕事もするようになった。配属先は博多支社で、月四回、土曜日のみ出勤すればよいというものである。月曜日から金曜日までは精神障害者共同作業所の「とんぼの家」で、土曜日は九州工業という生活が始まった。

九州工業では道路脇などにある標識看板の営業を担当した。沿道に「△○病院○○○メートル先」などという看板を目にしたことがある人も多いだろう。看板製作を請け負うのはもちろんだが、設置する場所の地権者などとの交渉も担う。

この地権者との交渉がけっこう面倒なのだ。看板設置予定場所を選定したら、その地権者が誰なのか、法務局に行って調べる。連絡先が分かれば電話でアポイントを入れて訪問して交渉が始まるのだが、この地権者がつかまらないことが多い。アポイントの時間に訪問しても、

「今日はまだ帰っていない」

「仕事に出ていてすぐには戻らない」
などと言われて会えないことは珍しくないのだ。同じ人の自宅を何度も訪問しなければならないことも多く、とても辛い仕事であった。

昼と夜のダブルワークがスタート

福岡県庁の臨時職員と標識看板の営業は、ほぼ同時期に辞めることになった。平成十五年（二〇〇三）の年末のことである。

翌年から私はタクシードライバーの道へと進むことになる。しかし、タクシードライバーになるための普通第二種免許を持っていなかった。だが最近は就職後に会社の援助で働きながらその免許を取得できるケースもある。私が就職した福岡市の「東タクシー」でも資格取得支援制度があり、それを活用した。

当時は週に二回、教習所で二種免許の試験があり、私は十四回目のチャレンジで合格、免許を取得して、タクシードライバーとしての仕事をスタートさせることができた。

東タクシーを三年ほどで辞めて、その後はしばらく大手コンビニエンスストアの田町店で働くことになった。ところがそこの店長が、

「息子が帰ってきてここで働くことになった」

と言い出す。つまり私は〝余剰人員〟ということになったらしく、すぐに辞める羽目になってしまった。そして同じコンビニチェーンの金町店に移って、そこで二年ほど働いた。

もともとコンビニ事業には関心があった。パイン時代、お金のやりくりに苦労した経験があったからだろうか、コンビニのような〝日銭〟を稼げる商売にはある種のメリットを見出していたのである。ゆくゆくは自分でもオーナーとして店舗を構えたい……そんなことを考えたこともあった。コンビニで働くことは、私にとってはそのための修業のような感覚もあったのだ。

そして平成十九年（二〇〇七）、六十歳のときに「ハニー」という訪問介護を事業とする会社に、今度は介護タクシーのドライバーとして就職した。再び福祉

の仕事に戻ったのである。同時に夜はスーパー「ハローマーケット」の北九州店のナイトマネージャーとして働くようになった。昼はタクシー、夜はスーパーマーケットという、ダブルワーク状態となる。

ハローマーケットは夜六時から閉店まで勤務する。店長に代わってお金の管理をする金庫番のようなもので、実質的にその時間帯は店長の立場だった。それ以外にも商品管理やタグ付け、防犯なども担当していた。コンビニエンスストアでの勤務経験が豊富だったことが評価されてのことだった。

ハニーは仕事量のわりに給料が安かったため、六か月で辞めることになった。しかしハローマーケットの収入だけでは苦しいため、昼間の仕事として、グループホームを運営する「森の木」に転職した。ここでは介護業務全般を担当する。森の木では月に数回、夜勤があった。その日はハローマーケットの勤務はお休みである。

森の木では要介護者の送迎などもおこなった。買い物をしなければならない要介護者をハローマーケットに案内することもあった。要介護者にとっては買い物のサポートをしてもらえるので助かる一方、ハローマーケットにとってもお客が増えるということで、このダブルワークは私としてはいい循環を生み出していると思っていた。

ところが、森の木の社長はそれが面白くなかったらしい。ダブルワークが社長になかなか理解してもらえず、結局はここも辞めることになってしまった。

また昼間は無職の状態である。そこでハローマーケットの店長に相談したところ、別店舗で朝七時から昼の一時まで勤務させてもらえることになった。ここでは食品、コロッケやトンカツ、天ぷらなどの揚げ物作り（フライヤー）を担当した。

二十リットルの揚げ油が入った四台のフライヤーを、ひとりで回す作業である。開店する九時までの約二時間で、三十種類以上の揚げ物を作るのだ。それぞれで揚げ時間や揚げ温度が異なるため、ひとりで回すのはなかなか大変であった。丸協ストアではできたものをパックに詰める仕事をやっていたが、ここでは詰めるものを作る仕事を任されたのだ。

しかしその店舗のマネージャーは、どうもスタッフたちとの関係がうまくいっていなかったらしい。あるとき食品部門の私以外のスタッフが短期間で一気に辞めてしまうということがあった。メンバーがほとんど入れ替わってしまったのだ。私も辞めたい気持ちがあった。なにしろ私の年齢的なことであれこれと嫌味を言ってくるようなマネージャーである。しかし生活のこともあり、我慢して働いていた。いまであれば、パワハラなどで問題になるような人物であった。

ところがちょうどそのタイミングで、登録していた派遣会社から連絡があった。北九州・門司にある精神障害者施設・門司学園で働かないかという話が舞い込んだのである。実に絶妙なタイミングであった。私はさっそくハローマーケットを辞めて、昼間の仕事として、門司学園で介護業務に就くことになる。

派遣スタッフとして知的障害者の施設へ

門司学園は、かつては「避病院《ひびょういん》」（※）と呼ばれていたところだ。避病院とは

「隔離病舎」とも呼ばれ、明治時代に作られた伝染病専門の病院で、国内に複数あったようである。平成二十年（二〇〇八）十月から、ここで派遣スタッフとして働き始めた。

派遣期間は十月から翌年の三月までと短かったが、延長される可能性もある。もし延長がなければ、そのときにまた考えればよい。それよりも何よりも、ハローマーケットのパワハラや油の飛び散る揚げ物作りから一刻も早く解放されることのほうが、私にとっては重要だったのである。

介護に関わる仕事はこれまでも経験があったが、知的障害のある人たちと接するのは初めてであり、とまどうことも多かった。

突然、窓から飛び出す人がいた。近くに交通量の多い国道があって危険なので大変気をつかった。

介護の用語で「漏便」というが、浴室で排泄をする人もいた。中には居室で排泄し、その排泄物を絵具のようにして壁や床に何やら描いている人もいた。本人は何かのアートのつもりだったのかもしれない。それをきれいに掃除することもやった。この掃除には二時間もかかった。そして臭いが消えるまでに四日以上もかかった。

そして年が明けて平成二十一年（二〇〇九）三月になった。

私の期待とは裏腹に、派遣期間の延長はなかったのだ。四月以降はまた昼間が無職になるが、それも一応は覚悟していた。それにこんなことはもう慣れている。なにせ私は高校時代に一度死に、そこからリセットを繰り返して生きてきたのだ。どうということはない。

そんな門司学園での最終勤務日に、ちょっと思い出深い出来事があった。

勤務終了時間の少し前、荷物の整理などをしているときだった。

「松尾さん、ちょっとホールまで来てもらえませんか？」

ほかのスタッフが呼びに来た。なんだろうかと思ってホールに入ってみて驚いた。学園のスタッフと入所者が全員、一堂に会しているのだ。九十人ほどはいたはずである。一体何が始まるのかと思っていたら、全員で私のために、武田鉄矢氏の「贈る言葉」を歌ってくれたのだった。「頑張ってください！」「ありがとうございました！」といった言葉が書かれた絵も描いてくれていた。驚いたと同時に、嬉しさとありがたさ、ここまでしてくれたスタッフや入所者たちとお別れしなければならない寂しさと悔しさで胸がいっぱいになり、涙ぐんでしまった。

※避病院……明治三十年（一八九七）に制定された「伝染病予防法」に規定された法定伝染病の患者を隔離・収容していた病院の通称。平成十一年（一九九九）、伝染病予防法の廃止と感染症予防法の施行にともない、この呼称も使用されなくなった。

タクシードライバーとして再スタート

平成二十一年（二〇〇九）四月からは、昼間の仕事として北九州市の「勝山タクシー」で再びタクシードライバーとして働き始めた。夜の仕事はというと、このころはハローマーケットを辞めて、今度は「スーパーR」で働いていた。夜六時から深夜十二時までの勤務である。

深夜一時ごろに帰宅して、朝六時に起きてタクシー会社に出勤していた。職場は変わったが、相変わらずのダブルワーク生活である。ハードな毎日であったが、これも仕方のないことだった。会社が潰れて借金を抱え、ヤクザに付きまとわれて家族とも別れることになってしまったのだ。自分の蒔《ま》いた種である。

苦労をかけた妻に仕送りもしていたのだ。妻はもともと皮膚が弱く、その影響からか皮膚がはがれる病気であり、体温調節や皮膚呼吸がうまくできない状態になっていた。そういった事情もあり、身体が辛くても、頑張って働かなければならなかったのである。

ところで当時の北九州市のタクシー界では、ある〝常識〟があった。「無線をもらわないと仕事にならない」というものだ。会社（営業所）には配車担当のスタッフがいる。そのスタッフが電話などで送迎の依頼があると、出庫中のタクシーに無線で指定場所に向かうよう指示を出す。

しかし中には意地悪な配車担当がいて、

「あいつは気に入らねえから客を回してやらねえ」

などと、わざと配車指示を出さないことがあったのだ。いまではさすがになくなったようだが、当時はまだそういった悪習がはびこっていたのである。

私は平成十六年（二〇〇四）ごろから福岡市の東タクシーでドライバーをやっていたが、北九州市は福岡市と明らかに状況が違った。福岡市は空車の状態で流していれば、お客さんを拾うことができる。しかし北九州市ではそれはほとんどなかったのだ。だから「会社からの無線待ち」になってしまうのである。

顧客獲得のための自助努力

会社からの配車を待っているだけでは、いつまでも売り上げは伸びない。お客さんを増やすためには、各ドライバーもそれなりに努力をしなければならないのだ。私もいろいろと努力をしたが、意外なことにスーパーマーケットとのダブルワークであることが幸いすることもあった。

夜、スーパーでレジの仕事をしていたときのことだ。タクシーで何度か乗せたことのあるお客さんが偶然訪れたことがあった。

「あら松尾さん！　あんた夜はここで働きよるとね！」

私に気づいて声をかけてくれたのだ。ドライバーの私のことを覚えているタクシーのお客というのはそうそういるものではない。声をかけてもらえるだけでも嬉しいのだが、

「松尾さん、私明日は十時に病院に行かなならんけん、九時半くらいにうちに迎えに来てくれんね？」

と、思わぬ展開になるのだ。ラッキーなこともあるものだ。スーパーでのレジ打ち中にお客さんをつかまえることができるのである。意外なところでつながるものだ。

そして、そういったお客さんはその後も私を指名してくれるようになる。〝お得意様〟になっていくのだ。

しかもこういったことは一度ではなかった。その後、同じようなことが次第に増えていき、お得意様も増えていったのである。

このときも中小企業家同友会でのことを思い出した。直接会って話すことで信頼関係が生まれ、相手を思いやる気持ちも生まれてくるのだろう。

また逆に、そういったお客さんがスーパーに買い物に来てくれることもある。そんなときには、探している商品を私がケージに取りにいってあげたりするようにもなっていった。「本日は〇%引きですよ」などと、特売情報なども提供する。

こうなってくると、お客さんとの信頼関係、絆のようなものも深まってくる。

スーパーのお客さんがタクシーのお客さんにもなり、その逆のパターンも出てくる。口コミでも広がっていたようで、夜の仕事と昼の仕事がうまく連動してくれたようである。

また「九州観光マイスター」という、九州の観光ガイドのライセンスも取得した。お客さんを乗せて走りながら観光ガイドをするのである。例えていうなら、観光バスのバスガイドのようなことをやるのだ。

「松尾さん、あなたの説明が面白かったから」

といって、指名してくれるお客さんも出てきた。こういった努力が顧客をつかむ。タクシードライバーは会社に所属していても、一人ひとりが個人事業主のような意識で仕事をしなければならない。自分の収入は自分の努力で得ていくしかないのだ。これはタクシーに限ったことではないだろう。「天は自ら助くる者を助く」などということわざがあるが、それは本当なのかもしれない。

自分を助けるのは自分自身でしかない。誰かが手を差し伸べてくれることもあるが、それをつかむかつかまないか、これは自分次第である。自分のあらゆる身体機能を駆使して、それをつかみ取った人だけが助かる、つまり成功していくのだろう。やはり人間は努力を惜しんではいけないのだ。

職場での嫌がらせ

しかし私のそんな努力を快く思わない人もいた。私は同じ勝山タクシーに勤務していた先輩ドライバーから嫌がらせを受けたことがある。

タクシーの仕事は朝七時から夕方五時までだ。五時で退社し、それからスーパーの仕事に向かうのである。あるとき、いつものように五時退社のために仕事を切り上げて会社に戻ってきたときのことだ。車を車庫に入れようとしたとき、突然その先輩の車が私の行く手を遮った。車庫入れを妨害されたのである。私が五時に退社できないようにしてやろうということだったようだ。

私がダブルワーク状態で、夜はスーパーで働いていることは、ほとんどの同僚が知っていた。私がそんなダブルワーク生活をしていることが面白くなかったのかもしれない。スーパーの仕事を通じてタクシーのお客さんを増やしていることへの嫉妬もあったのだろう。

しかし私は金儲けのためにダブルワークを選んだのではない。妻への仕送りのために身を犠牲にしているだけなのだ。そんな私の事情を知ってか知らずか、そんな嫌がらせをしてくる先輩に心底腹が立ったものである。いつの時代も、どの世界にもこういうたちの悪い人はいるものなのだろう。

熊本地震での北九州市の様子

勝山タクシーに勤務していた平成二十八年（二〇一六）四月十四日、熊本地震が起こった。地震が発生したのは夜九時二十六分である。北九州市でも震度三の揺れを感じた。

地震発生から少し経ったタイミングで配車の無線が入った。お客さんは陸上自衛隊の人である。行き先は小倉北区にある陸上自衛隊小倉駐屯地だ。ずいぶんと急いでいるようである。聞くことはできなかったが、災害対応だったのだろう。

「ふたつめの守衛所の前で降ろしてください」

とのことだった。山の中腹をタクシーで走り上がったところにゲートがふたつあり、ひとつめの守衛所は通過できたが、ふたつめから先は一般人（一般車）は進入禁止である。

その人を降ろして戻る途中の午後十一時ちょうど、また配車の無線が入る。今度は北九州市の職員のお客さんだった。

「市役所に行ってください」

とのこと。こちらの方も大変急いでいるようである。指示される通りに市役所に向かい、非常用ゲートの前で停めた。その人は車を降りると非常用ゲートを開けて、そこから地下室に入っていった。あとでわかったことだが、その人は市の災害対策室の職員の方だったようである。

その帰りの道では、普段は目にすることのない光景に遭遇した。九州電力北九州支店の前には、黄色、青、赤などたくさんのライトを点灯した作業車が待機していた。地震による設備の損壊や故障、停電の復旧などに対応するためだろう。同時に警察の車両も多数待機していた。

熊本では震度七を観測している。大きな地震なだけに、余震も懸念されていた。北九州での被害状況の確認や余震対策、インフラの保守や復旧のために陰で動いてくれている人がたくさんいるのだと実感した出来事であった。

陣痛タクシー

また私は、タクシードライバーとしての仕事の幅が広がる、いくつかのライセンスを取得している。そのひとつが「陣痛タクシー」だ。

陣痛タクシーとは陣痛時の妊婦さんを安全に病院に運ぶタクシーのことだ。全国の多くのタクシー会社で導入されている。事前に登録しておくことで、緊急時には救急車を呼ばずに病院に移動できる。一般のタクシーとは異なり、車内は防水仕様となっていて、急な破水などでも問題がないようになっている。

当時、北九州で最大手のタクシー会社のひとつ「第一交通」がこれを早期に導入しており、私は勝山タクシーから第一交通に派遣されて、陣痛タクシーの研修を受けた。

研修では、三・五〜五キログラム前後の重りをお腹に縛り付けて、足元がまったく見えない状態での歩行や階段の昇降、ベッドからの立ち上がりなど実際の妊婦さんと同じ状態になっての訓練もあった。妊婦さんの大変さを理解するためである。

私もこの訓練で妊婦さんのことがよくわかった。歩くのも階段の昇降も大変だ。足元が見えないのである。陣痛タクシーのドライバーとなれば、妊婦さんの介助も必要になる。どんな手助けが必要か、こういった訓練を通じて気づきを与えられるのだ。

逆走車いすとの正面衝突

子どものころより、思わぬケガや病気に見舞われてきた私だが、これは何かの因果なのか、バイクで配達中に事故に巻き込まれたことがあった。そして、タクシーの仕事中にも事故に巻き込まれることになる。

私が六十九歳のとき。忘れもしない、平成二十八年（二〇一六）十二月八日、午前二時七分の真夜中のことだ。

この日は夜中まで仕事をしていた。雨が降っていた。視界が悪く、路面も濡れて滑りやすくなっている。私はいつもよりも慎重に運転しながらお客さんを運んでいた。そのお客さんを降ろして時計に目をやると、もうすっかりいい時間になっている。会社に戻るか、しばらく流して新しいお客さんを探そうか……。

そんなことを考えながら走っていたときだ。直近の信号は青。そのまま走っていこうとしていたとき、前方に何か白いものがチラッと見えた気がした。

「なんだ……？」

そう思った次の瞬間、突然目の前に人間の顔が現れたのだ。

「あ！　まずい！」

そう思って急ブレーキを踏んだが、間に合わなかった。

グワッシャーーーン！

激しい音と衝撃とともに、その人物は目の前から完全に消えてしまった。

正面衝突である。慌てて車から降りると、数メートル先に六十歳くらいの男性がひとり倒れていた。すぐ近くにはグチャグチャに大破した「電動車いす」が横たわっている。

「大丈夫ですか？」

と、雨に濡れながら声をかけた。同時に警察と会社に連絡。救急車は警察が手配してくれ、十分ほどで到着した。

七分ほどして警察が到着した。パトカー四台である。会社からは営業部長と保険担当の社員が三十分ほどしてから青い顔で駆けつけた。会社の方の到着が遅かったのは恐らく自宅から駆けつけたからであろう。

事故はその人物が車道を逆走してきたことが原因だった。脇道から車道に出てきたわけではない。車いすで通行してはいけない車道を逆走していたのである。脇に歩道があり、本来はそちらを通らなければならないはずなのだが、ややきつめの傾斜があったため、そこを登るのが面倒だったのだろうか。少しくらい大丈夫だろうと考えて車道に出てしまったようだ。

そしてその男性は、こともあろうに酒を飲んでいた。しかも近くのコンビニに酒を買いに行く途中だったというのだ。しかし車いすの場合は歩行者として扱われるのだそうで、この男性の場合は飲酒運転にはあたらないのだという。

警察が私の車のメーターやドライブレコーダーなどを調べた。事故当時は時速四十キロメートル弱ほどで走っていた。スピードを出し過ぎていたわけではない。車は前部のラジエーターを覆うネットが破損しただけであった。フロントバンパーはグラスファイバー製のものだったため、破損せずにすんでいる。しかし相手方の「電動車いす」は、半分は原形をとどめていない状態であった。

その日は一旦会社に戻り、支店長と協議のうえ、被害男性を見舞おうということになり、明け方の五時ごろに搬送先の病院に行った。しかし会わせてもらえなかった。少し時間をおいて午前十時ごろに再び訪れたが、やはり会えない。その翌日も翌々日も病院を訪れたが、

「集中治療室（ＩＣＵ）に入っているから」

とのことで身内以外には会わせられないと言われ、結局は会うことができなかった。

事故から二か月ほど経った二月一日ごろの、雨の降る日の明け方、事故現場で実況見分がおこなわれた。実際の事故と同じ状況を再現して、複数のカメラで映像を撮影しながらの見分だ。

その結果、私は前方不注意ということですんだ。しかし私は勝山タクシーでそれ以上ドライバーを続ける気にはなれなかった。

この事故は、酔っ払って車いすで車道を逆走してきたその男性に過失があると思っている。しかし、事情も現場状況もよく知らずに勝手なことを言う人はいるものだ。会社の専務には、

「おまえ、寝ている酔っ払いを轢いたんだろう」

などと、あたかも人殺しのような言われ方をして、大いに腹が立ったものだ。この専務の無神経で心ない発言がどうにも許せなかった。勝山タクシーを退職した私は、また無職の状態となったのだった。

介護施設での仕事

勝山タクシーを辞めてからは介護関連施設に就職した。

介護関連の仕事の経験があったこと、タクシードライバー時代に救命救急士の資格を取得していたこと、陣痛タクシーの研修を受講済みであることなどが評価されたのか、介護施設などで仕事をする機会を得ることになったのだった。

平成二十九年（二〇一七）の四月ごろから社会福祉法人ちくし会が運営する「小規模多機能型居宅介護　ちくしの園」に就職した。小規模多機能型居宅介護とは、利用者ができるだけ自立した日常生活を送ることができるよう、施設への通所、短期間宿泊、利用者宅への訪問などを組み合わせて、日常生活上の支援や機能訓練をおこなうものだ。四十人ほどの利用者がおり、ひとりのスタッフで九人ほどを担当していた。

ちくしの園に三年ほど勤務したあと、令和二年（二〇二〇）からは「介護付有料老人ホームホーク」に勤務した。このときに認知症介護士の資格を筆記試験免除で取得している。

この介護付有料老人ホームホークのスタッフは、日本人よりも外国人のほうが多かった。中国、韓国、ベトナム、フィリピン、ネパールなど、多国籍であった。

言葉でのコミュニケーションが難しいこともあり、私は彼らとのやり取りでは英語を使っていた。ところがそのことが、ほかの日本人スタッフたちにとっては面白くなかったらしい。

「なぜ日本語で伝えないんだ！」

などと怒り出す人までいたのである。伝わりやすい言語を使っているだけなのだが、どうやら英語ができる私への嫉妬、外国人スタッフとうまくコミュニケーションが取れていたことへの嫉妬。そういったものもあったようなのだ。

外国人のスタッフは徐々に増え、日本人スタッフは減っていった。外国人でも日本人でも、介護の仕事ができればよい。しかし施設側は、外国人を雇用することで支給される雇用支援金などが目当てだったようである。そのため、日本人スタッフを減らしたかったのだ。

「松尾さん、あなたももう年なんだし、半日勤務にしてくれませんか？」
などと言われたことがある。私の業務部門を減らして、それを外国人スタッフに振り分けようという目論見だったのだろう。

脳梗塞と骨粗鬆症

しかし、このころの私はすでに七十歳を過ぎていた。身体のあちらこちらにガタがきていてもおかしくはない。この間、私は白内障の手術を受けている。そしてその一か月後には脳梗塞を患った。

ホークに勤務していたときだ。仕事を終えて帰宅し、車から降りたときに違和感を覚えた。身体の左半分に痺れがあったのだ。左頬と左手や左足が思うように動かせなくなっている。すぐにアパートの自室で横になった。

しばらくしてから起きて、自宅の血圧測定器で血圧を測ってみると、最高値が一九八になっている。さすがにおかしいと思い、かかりつけの渋江病院に行った。

するとそこのドクターが、

「松尾さん、今日は車で来とると？」

と聞いてきた。はいと答えると、

「いますぐ労災病院に行って検査してもらいなさい。自分で車を運転して行ったらいかんぞ。タクシーで行きなさい」

こう言われて、嫌な予感がした。そして少しだけ覚悟もした。私はタクシーを呼んでもらって、九州労災病院に行った。病院では車いすに乗せられ、脳神経外科でＭＲＩ検査を受けた。

「血管の詰まりがあるねえ」

とドクターに言われ、即日入院である。入院中は二十四時間連続で点滴だ。四日経つと症状が安定してきて、リハビリをするように言われた。病院の二階にあるリハビリ施設で階段の昇降や自転車こぎなどのリハビリをおこない、入院から九日目で退院することができた。

退院しても、すぐに元通りの状態になるわけではない。歩くときは左足をひきずるようにしていた。痺れはいまでも多少だが残っている。左足は上げにくい。平らな場所でもつまずいて転んでしまいそうになる。

介護付有料老人ホームホームホークに勤務していたときには骨粗鬆症を発症した。タクシードライバー時代には追突されたりすることも何度かあったためか、骨にも悪影響が及んでいたようである。

骨粗鬆症の影響で、頚椎が縮んでしまっていたようだ。

ドクターから、

「松尾さん、身長が四センチ縮んどるばい」

と言われて驚いた。

「じゃあこれからどんどん背が低くなっていくんじゃないですか」

と言うと、

「それはもう仕方んないこつばい！」

と言われてしまったものである。いまでもすでに身長が低いというのに、私もただ「う～ん」とうなることしかできなかった。

新型コロナウイルスに感染

令和二年（二〇二〇）には新型コロナウイルスが世界で大流行した。多くの高齢者施設でも対応に追われたことだろう。私が介護付有料老人ホームホークに就職した直後には、施設内でも感染者が出て、クラスターが発生した。

こうなると各室は完全封鎖である。入居者は自室から出ることができない。私たちスタッフが入室する際には手袋やマスク、防護服など、完全防備に近い状態になる。

食事は入所者全員が弁当・割り箸・紙コップで三食とるという状態が二週間続いたのだ。それもホールではなく、スタッフが各室に運んで、そこで食べてもらっていた。

入居者の中には認知症の人もいる。そういった人たちに事態を理解してもらうのは難しい。トイレは各室にあるが、自分で排泄ができない人もいて、その場合は緑色の防護服に身を包んだスタッフが入室して介助する。スタッフも定期的に病院でPCR検査を受けることになる。

このような状態が長く続いたある日のことだ。施設の看護師から、

「松尾さん、今日はもう帰っていいよ」

と言われた。

「え？　何かありましたか？」

と問い返すと、

「うん、なんか鼻声になっとる」

こう言われて、このときも嫌な予感がした。感染症対策病院で検査をするとる。

〝陽性〟だった。ついに私も新型コロナウイルスに感染してしまっていたのである。働いていた施設でクラスターが発生していたのだ。いつ感染してしまってもおかしくない状況だったのだろう。

再び介護タクシーの世界へ

介護施設やスーパーマーケット、コンビニエンスストア、タクシーなど、仕事を転々としてきたが、令和五年（二〇二三）からは「太陽交通」で介護タクシーのドライバーとして働き始めている。

介護タクシーは要介護認定を受けている人向けの送迎サービスだ。利用する場合は介護保険の認定とケアマネージャーからの予約が必要となる。デイサービスの利用者や、通院、買い物などで利用する人が多い。

タクシードライバーとしては長く勤めてきたが、ハーモニー社以来の介護タクシーのドライバーだ。ハーモニー社は給料が安かったがこちらは納得のいく額がもらえた。一般のタクシーのように個人事業主的に営業努力をする必要もなく、給料は固定制である。私は一般タクシーの運転資格も持っているため、いずれは介護と一般の両方のドライバーとして活動するときが来るかもしれない。

印刷の仕事から始まって、独立開業して『あいのみち』に力を入れた。会社を潰してしまい、スーパーマーケット、コンビニエンスストア、警備員、タクシードライバーと歩んできたが、その間に何度も介護に関わる仕事をすることができた。やはり介護の世界からは離れられないのか、それともそれが天職だったのか。

やはり脳性小児麻痺の姉の存在が大きかった。姉や、姉を介護する両親の様子を見てきて、知らず知らずのうちに介護の重要性、必要性が私の中に植え付けられていったのかもしれない。

私自身、ケガや病気、事故などで大変な思いをしている。自由に動けず、仕事もできないという体験をした。そこから恐らく、私にしか見えていないものがあったのかもしれない。

介護が必要なのは、何も高齢者に限ったことではない。病気やケガは年齢に関係ない。事故はいつ巻き込まれるかわからない。介護が必要になって初めて、人は身をもってその大切さを知るのだろう。ヘルパーにどれだけ助けられるか、どれほどありがたいか、やはり体験してみないとわからないものである。

介護タクシーのドライバーとして働きながら、介護が必要な多くの人々と接している。みんなそれぞれに事情が異なる。介護は相手のプライベートな部分にもかなり入り込まなければならないこともある。それだけに信頼関係と相手への思いやりが大切である。

いま、世の中にはたくさんの介護関連ビジネスが存在する。それらはきっと「こんなことをしてもらえたら助かるのに」という思いから生まれてきたのかもしれない。姉の存在と自身の病気やケガの経験から、私はそんな視点を持つことができた。

私にしか見えてこなかったもの、いま見えているもの。これらを大切にしながら、いっそう研ぎ澄ましていきたいと思っている。

おわりに

昔、ある人からこんなことを言われたことがある。

「人は一日生きるだけで八万六千四百円をもらえる。そして、それはその日のうちに使い切り、貯蓄はできないお金である」

もちろんこれは例え話だ。人ひとりの一日は八万六千四百円分の価値があり、一日で八万六千四百円を使い切るだけの行動ができるということだ。この考えは、私の人生の指針のひとつにもなった。

私たちには一日二十四時間という時間が平等に与えられている。ならばそれを精一杯使って働けばいい、二十四時間で四十八時間分の仕事をすればいい。そう考えて生きてきた。昼夜のダブルワークを長年継続できたのも、この考えが私をしっかりと支えてくれていたからだろう。

仕事は素晴らしいものだという実感も得てきた。身体を動かすことでお金を作るのである。仕事は「人に仕える事」だと思っている。人のために働けば、その人は喜んでお金を出してくれるものだ。

誰かのために働く、誰かのために生きるということも、私に大きい力を与えてくれた。それは長野家であり介護を必要とする人たちだった。私の人生の「軸」はそこにあったのかもしれない。

「人生百年」といわれる時代である。まだ私には二十年以上残っている計算になる。その時間も精一杯、誰かのために使っていきたいと思っている。

最後になりますが、ご協力いただいたライターの松本様をはじめ、校正された方、文章を起こされた方が汗水流して頑張っていただいたことで本ができあがりました。本当にありがとうございます。文芸社のスタッフの皆様に感謝いたします。

松尾榮治

著者プロフィール

松尾 榮治（まつお えいじ）

福岡県福岡市中央区出身。東福岡高校を４年で卒業。職業訓練大学校再訓練科卒業後、初めて社会人としてスタート。草の根ジャーナル紙などに執筆をしながら、文筆業を考えていたが、その機会から外れて障がい者用福祉マップ『あいのみち』を平成12年（2000）に発刊。その後、介護に関する仕事に従事し、今も頑張っている。

ダブルライフ ひとりにして二度生きる

2025年１月15日　初版第１刷発行

著　者　松尾 榮治
発行者　瓜谷 綱延
発行所　株式会社文芸社
〒160-0022　東京都新宿区新宿１－10－１
電話　03-5369-3060（代表）
03-5369-2299（販売）

印刷所　株式会社エーヴィスシステムズ

ISBN978-4-286-25665-8